U0945195

华东交通大学教材建设基金资助项目
湖南省哲学社会科学2006—2007年度立项课题
《社会主义新农村文化建设研究》（0601019C）研究成果

社会主义新农村文化构建

陈文珍 叶志勇 编著

湖南师范大学出版社

图书在版编目（CIP）数据

社会主义新农村文化构建／陈文珍，叶志勇编著．—长沙：湖南师范大学出版社，2010.7

ISBN 978－7－5648－0232－5

Ⅰ．①社…　Ⅱ．①陈…　②叶…　Ⅲ．①农村—文化事业—建设—中国　Ⅳ．①G12

中国版本图书馆 CIP 数据核字（2010）第 140430 号

社会主义新农村文化构建

陈文珍　叶志勇　编著

◇责任编辑：莫　华　赵亚梅
◇责任校对：胡亚兰
◇出版发行：湖南师范大学出版社
　　地址/长沙市岳麓山　邮编/410081
　　电话/0731.88853867　88872751　传真/0731.88872636
　　网址/http：//press.hunnu.edu.cn
◇经销：湖南省新华书店
◇印刷：长沙利君漾印刷厂

◇开本：880×1230　1/32
◇印张：6.75
◇字数：162 千字
◇版次：2010 年 7 月第 1 版　2010 年 8 月第 1 次印刷
◇书号：ISBN 978－7－5648－0232－5
◇定价：18.00 元

前 言

改革开放以来，尤其是党的十六大以来，党和政府高度重视农村文化建设，制定了若干重要政策，采取了一系列卓有成效的措施。在社会各界和农村基层党组织及广大群众的共同努力下，我国农村文化建设力度逐年加大，基础文化设施逐步完善，农民文化生活日渐丰富，农村文化的整体风貌发生了巨大变化，呈现欣欣向荣之势。在总结成绩的同时，我们还必须清醒地看到，现阶段我国农村文化发展水平与社会主义新农村建设的目标和进程还不相适应，文化产品和服务的数量、质量、品种与农民群众日益增长的精神文化需求还不相适应。

社会主义新农村文化建设，是社会主义文化建设的一部分。新农村文化的进步反映着新农村社会的文明进步，新农村文化的发展推动着新时代农民的全面发展。发展和繁荣新农村文化，是新农村经济社会发展的内在动力，是新农村小康建设的题中应有之义，是树立和落实科学发展观、构建社会主义和谐社会的重要内容，更是建设社会主义新农村、满足广大农民群众多层次、多方面精神文化需求的有效途径。因此，社会主义新农村文化建设是一项重大的、不可忽略的社会工程。

党的十七大报告在阐述“推动社会主义文化大发展大繁荣”时，鲜明地提出了“使人民基本文化权益得到更好保障”的观点。

中国是农业大国，农村地区占国土面积的大部分，农民人口占国民人口的大多数。因此，只有农村文化建设搞上去，农民文化权益得到保障，实现社会主义文化的大发展大繁荣，才有了一个坚实的基础。重视城乡、区域文化协调发展，着力丰富农村的精神文化生活，是以人为本的科学发展观在文化建设中的具体体现，是顺应时代潮流、适应群众需要、深得人民拥护的。我们正处在坚持科学发展观、构建社会主义和谐社会和全面建设社会主义新农村的伟大时期，在这个时代背景下，如何孕育和发展与时代相称的先进的中国特色社会主义新农村文化，借以塑造人类进步的灵魂，这是我们党执政能力建设的一项重要任务，同时也是时代和人民的呼唤，更是我们当代人义不容辞的责任。

知识润泽乡野，文化涵养农村。《社会主义新农村文化构建》就是为了贯彻落实党的十七大报告精神，为了推动社会主义新农村文化大发展大繁荣而作。关于新农村文化建设有关问题的研究甚多，仁者见仁，智者见智。本书始终贯彻理论与实践相结合的原则，从文化学、社会学、经济学、哲学、政治学等多学科的视野，深入挖掘我国农村文化建设的精神资源，尤其是回顾了中国共产党在农村文化建设上的探索，总结了韩国、美国、德国等国在农村文化建设方面的实践，从中提炼出一些具有指导和借鉴意义的农村文化建设的经验和启示。在此基础上，对党中央关于社会主义新农村文化建设的有关部署和目标要求进行了理论分析，进而通过大量的实证调查研究，力求客观地分析我国社会主义新农村文化建设的现实状况、存在的主要问题和原因，从而提出要建设社会主义新农村文化，并将构建社会主义新农村中农村公共文化服务体系、农村文化人才队伍、保障机制、内生机制等问题确定为研究重点，提出了相应的对策及措施。

站在建设社会主义新农村的新的历史起点上，社会主义新农村文化建设任重而道远。展望未来，我们深信，有党中央、国务院对农村文化建设的高度重视，有社会各界的通力合作，有各项具体而有力的落实措施，农村文化事业的春天已经来临，农村文化建设将会不断地呈现出新的面貌，广大农民群众将会拥有更为丰富多彩的文化生活，将会享受到更多的文化权益。改革开放的文化成果，将会进一步惠及广袤的华夏大地上的亿万农民！让我们大力发展和繁荣社会主义新农村文化，努力铸造社会主义新农村文化的辉煌。

目 录

社会主义新农村文化

第一节 概 述

一、农村文化的概念

文化通常是指人类社会发展过程中所创造的精神财富及其物质载体，包括制度文化、思想文化和物质文化。所谓农村文化，指的是以农村为地域，农民所创造的一切物质与非物质的成果。

我们要构建的社会主义新农村文化，是社会主义新农村建设背景下，新型农民所创造的体现社会主义先进文化前进方向的中国特色农村文化。社会主义新农村文化具有以下几个基本属性：

在理论支撑上，表现为始终坚持以马列主义、毛泽东思想、邓小平理论和“三个代表”重要思想以及科学发展观为指导。

在性质上，体现的是社会主义先进文化的价值取向。新农村文化建设，自始至终都要牢牢把握先进文化的前进方向。同时，因为传统文化中的传统精神，是文化发展的历史基础，所以弘扬优秀的传统文化，也必须纳入新农村文化建设的全过程。

在特点上，具有鲜明的地域性。地域性是指农村文化因空间向度的展开所呈现出的基本特征。这种特征也可以称为农村文化的“地理特征”或“乡土特征”。

在表现形式上，既有内含于农村生活之中的隐性文化，又有外化于农村社会之中的显性文化，显性文化与隐性文化互相渗透。农村文化是农民的文化水平、思想观念以及在漫长的农耕实践中形成并积淀下来的认知方式、思维模式、价值观念、情感状态、处世态度、人生追求、生活方式等深层心理结构的反映，它表达的是农民的心灵世界、人格特征以及文明开化程度。

在内容体系上，包括农村文化的目标和原则、价值追求、农村公共文化服务体系、农村文化人才队伍、保障机制和内生机制等多方面的内容。

二、中国共产党历来高度重视农村文化建设

农村文化建设是社会主义文化建设的重要组成部分，是社会主义精神文明建设的重要内容，加强农村文化建设是促进农村政治文明、经济文明、社会文明、生态文明建设的内在要求，是构建农村和谐社会，实现国家长治久安和全面建设小康社会的需要。

中国共产党自成立以来就重视文化建设。早在1940年，毛泽东同志就在《新民主主义论》中指出：“我们共产党人，多年以来，不但为中国的政治革命和经济革命而奋斗，而且为中国的文化革命而奋斗；一切这些的目的，在于建设一个中华民族的新社会和新国家。在这个新社会和新国家中，不但有新政治、新经济，而且有新文化。这就是说，我们不但要把一个政治上受压迫、经济上受剥削的中国，变为一个政治上自由和经济上繁荣的中国，而且要把一个被旧文化统治因而愚昧落后的中国，变为一个被新文化统治因而文

明先进的中国。”[①] 我们要建设的是“民族的、科学的、大众的文化”[②]，“应为全民族中百分之九十以上的工农劳苦民众服务，并且逐渐成为他们的文化。”[③] 这对于发展中国新文化具有特别重要的意义。邓小平同志在《在中国文学艺术工作者第四次代表大会上的祝词》中指出“我们要在大幅度提高社会生产力的同时，改革和完善社会主义的经济制度和政治制度，发展高度的社会主义民主和完备的社会主义法制。我们要在建设高度物质文明的同时，提高全民族的科学文化水平，发展高尚的丰富多彩的文化生活，建设高度的社会主义文明”[④]。他反复强调“我们要建设的社会主义国家不但要有高度的物质文明，而且要有高度的精神文明”，“要两个文明一起抓，不要一手硬一手软，在重视物质文明的同时也要重视精神文明建设”。江泽民同志在2001年7月1日《在庆祝中国共产党成立80周年大会上的讲话》中指出：“在当代中国，发展先进文化，就是发展有中国特色社会主义的文化，就是建设社会主义精神文明。”[⑤]“我们党要始终代表中国先进文化的前进方向，就是党的理论、路线、纲领、方针、政策和各项工作，必须努力体现发展面向现代化、面向世界、面向未来的民族的科学的大众的社会主义文化的要求，促进全民族思想道德建设和科学文化素质的不断提高，为我国经济发展和社会进步提供精神动力和智力支持。”[⑥] 胡锦涛总书记指出：“全面建设小康社会，必须大力发展社会主义文化，建设社会主义

---

① 毛泽东选集第二卷［M］. 北京：人民出版社，1967：62.
② 毛泽东选集第二卷［M］. 北京：人民出版社，1967：666.
③ 毛泽东选集第二卷［M］. 北京：人民出版社，1967：668.
④ 邓小平文选第二卷［M］. 北京：人民出版社，1992：208.
⑤ 光辉的历程庄严的使命［M］. 北京：研究出版社，2001：14.
⑥ 光辉的历程庄严的使命［M］. 北京：研究出版社，2001：14.

精神文明。”“文化的力量，深深熔铸在民族的生命力、创造力和凝聚力之中。”“全党同志要深刻认识文化建设的战略意义，推动社会主义文化的发展繁荣。”“加强社会主义文化建设是不断满足人民群众日益增长的精神文化需求的需要，是全面实施党和国家发展战略的需要，必须更加自觉、更加主动地推动文化大发展大繁荣，更好地保障人民群众的文化权益。”① 明确了文化发展对于民族复兴、国家强盛所具有的战略性地位和作用，把文化建设提升到了国家发展的战略高度。

中国是一个农业大国，有 13 亿人口，其中 9 亿在农村。农村、农业、农民问题在我国社会主义现代化建设中具有非常重要的地位。没有小康的农村，就没有小康的社会；没有和谐的农村，就没有和谐的社会。因此要真正实现社会主义和谐社会、建设社会主义新农村的既定目标，就必须加强农村文化建设，引领新农村不断前进。进入新世纪以来，党中央、国务院高度重视“三农”工作，把解决好农业、农村、农民问题作为全党全国工作的重中之重。为了加快推进新农村文化建设，中共中央办公厅、国务院办公厅先后下发或转发了《进一步加强农村文化的意见》、《进一步加强全国文化信息资源共享工程建设的意见》、《中华人民共和国国民经济和社会发展第十一个五年（2006—2010 年）规划纲要》、《关于推进社会主义新农村建设的若干意见》、《中共中央关于构建社会主义和谐社会若干重大问题的决定》、《国家“十一五”时期文化发展规划纲要》、《关于加强公共文化服务体系建设的若干意见》等一系列法规文件，这充分表明了我党对农村文化建设的高度重视，为农村文化建设指明了方向。

---

① 光辉的历程庄严的使命［M］. 北京：研究出版社，2001：14.

第二节 社会主义新农村文化建设的必要性

文化是国家之心，民族之魂。农村文化建设问题一直作为社会主义建设的重大命题活跃于理论界，并受到专家、学者的高度重视。针对当前新农村文化建设的困境问题，学界现已达成一种共识，认为农村需要大力加强文化建设。

一、加强社会主义新农村文化建设是培养新型农民的重要基础

邓小平同志指出，“中国的事情能不能办好，社会主义和改革开放能不能坚持，经济能不能快一点发展起来，国家能不能长治久安，从一定意义上说，关键在人”①。当今世界，激烈的综合国力竞争，越来越表现为教育科学发展水平和民族综合素质的竞争。如何不断提高全民族的思想道德素质和科学文化素质，把沉重的人口负担转化为巨大的人力资源优势，把人口大国建设成为人才大国，直接关系我国现代化建设和民族复兴的顺利实现，这也是我们党执政考验中必须面临和着力解决的一个重大问题。“我国现有 2.4 亿农户，8 亿农民，建设新农村是涉及亿万农民切身利益的伟大事业。新农村建设无论是经济发展，还是社会事业发展；无论是基础设施建设，还是精神文明建设；无论是立足当前，还是着眼长远，都需要智力支持和人才保障。”建设社会主义新农村落点在“村”、重点在“农民”；为的是农民，靠的也是农民。农民的文化素质、技术能力和思想道德水平，影响着新农村建设的成败，关系着国家和民

① 邓小平文选第三卷［M］. 北京：人民出版社，1994：380.

族的兴衰。农民的知识化、现代化是新农村建设的前提和条件。从新农村建设的主体性看，农民是建设社会主义新农村的主力军。建设新农村，关键是要调动农民的积极性、主动性和创造性，引导他们用自己的双手创造美好家园。提高农民素质，培养新型农民，把农村人力资源转化为人力资本，是建设新农村的首要环节。“从我国情况看，平均受教育年限不足 7 年，4.9 亿农村劳动力中，文化程度高中及以上的只占 13%，而初中的仍占 49%，小学及小学以下的还占 38%，其中不识字或识字很少的还占 7%。”① 我国受过职业技术教育和培训的农业劳动力占全部农业劳动力比不足 20%，而荷兰 90% 的农民受过中等教育，12% 的农民毕业于高等农业院校。农村技术对农业生产的贡献率发达国家一般为 60% ~80%，而我国仅为 27% ~35%。这表明培养新型农民是新农村建设的题中应有之意，是最本质、最核心的内容，也是最为迫切的要求。加强文化建设能促使广大农村营造良好的学习氛围，促使农民养成良好的学习习惯，在学习中解放思想，转变观念，尊重知识，尊重科学，增强市场意识；在学习中求知识、求技术，增强效率意识；在学习中求管理、求本领，增强经营发展意识。因此，只有造就千千万万有文化、守法纪、懂技术、懂管理、会经营的新型农民，才能使大量农村劳动力向第二、第三产业转移，才能加快农村城镇化建设步伐，使大批农民享受城市文明；才能加快农业结构调整，推进现代农业建设，提高农业效率，才能在应对国际农产品市场竞争和挑战中处于不败之地；才能增加农民收入，改善农民生活质量，提高农民社会经济政治地位，实现农民全面发展，从根本上解决“三农”问

---

① 王发建，胡松林. 培育造就高素质新型农民的几点思考［EB/OL］，http：//www.baidu.com.2010－01－21.

题。

二、加强社会主义新农村文化建设是发展农村经济的有力保证

进入新世纪后，经济与文化一体化的趋势愈来愈明显，文化中渗透着经济，经济中包含着文化，文化已经渗透到社会和经济发展的方方面面，一方面文化能强有力地推动经济发展。文化建设能活跃广大农民的思想，将农民的观念转变过来，把农民的精力集中起来，把农民的创造力发挥出来。通过农村文化建设，能推动农村社会生产力的发展，促进经济增长方式的转变，优化农村产业结构的调整，实现农业现代化，缩小城乡差距，使广大农民日益富裕。另一方面，文化产业被誉为21世纪的“黄金产业”和“朝阳产业”。文化产业作为新兴产业，其本身能直接产生经济效益，现已成为新的经济增长点，在国民经济中占有越来越重要的地位。“被誉为‘国画虎第一村’的民权县王公庄村，2007年全村共卖出画作5万多幅，收入1 500多万元。”[①] 我国农村地域宽广，文化资源丰富。如历史人物、神话传说、民间故事、民间艺术、民间工艺、民俗风情、村寨文化、园林艺术、民居艺术、祠堂庙宇、古镇风貌等，保存着中国农业文化的文化因子，展现出极具中国传统文化特色的文化价值和文化魅力。而新农村文化建设有利于积极推动乡村文化走上产业化道路，利用乡村文化资源优势，改变乡村经济社会发展格局，把丰富多彩的乡村文化资源转变为文化资本，农民不仅可以耕田种地，还可以从事文化旅游、文化服务、民间工艺加工、民俗风俗演展等第三产业。这不仅可以丰富乡村文化生活，提高农民劳动素质，调整和优化乡村产业结构，增加农民收入，增强乡村市场竞

---

① 叶建青．农村文化产业发展的鲜活实例［EB/OL］．http：//cache. baidu. com，2008 -08 -01.

争力，而且将会推动社会主义新农村的全面发展。

三、加强社会主义新农村文化建设是弘扬民族精神的有效载体

党的十六大报告把中华民族精神概括为“以爱国主义为核心的团结统一、爱好和平、勤劳勇敢、自强不息”。中华民族精神是中华民族集体智慧的结晶，是中华民族的骄傲，是民族凝聚力和向心力的发源点，是推动中华民族不断走向文明进步的力量源泉。它不仅在古代对我国各民族的文明进步产生过积极的影响，也对今天的社会主义精神文明建设起着促进作用。

弘扬民族精神能增强农民爱国爱家的精神力量。社会主义新农村是充满创造活力的农村，是农民群众的积极性、主动性、创造性得到充分发挥的农村。社会活力首先表现为一种积极进取的精神状态，激发全社会的创造活力离不开民族精神和时代精神。实践告诉我们，越是深化改革，越是扩大开放，就越需要弘扬伟大的民族精神和时代精神。这样，才能不断丰富人们的精神世界，增强人们的精神力量，为促进社会主义新农村建设提供不竭的精神动力。我们要始终高举爱国主义的旗帜，大力弘扬民族精神和时代精神，把弘扬民族精神和时代精神贯穿于建设社会主义新农村全过程。并且要不断增强农民群众对国家的认同感、归属感、荣誉感和尊严感，不断增强农民群众的爱国意识、团结意识和发展意识，增强农民群众的自尊心、自信心，始终保持昂扬向上的精神状态，才能战胜前进道路上的各种风险和考验。与此同时，要大力弘扬解放思想、实事求是、与时俱进、开拓创新的精神，树立与时代进步潮流相适应的思想观念、价值取向和行为方式，在广大农村形成民主讨论、求真务实的良好风气，形成鼓励探索、鼓励创新的良好环境，形成村村谋发展、家家忙致富、人人思创业的良好局面。

第三节　社会主义新农村文化建设的作用

列宁曾经说过，在一个文化落后的国家里是不能建成共产主义社会的。农村社会发展的历史告诉我们，文化对农村社会的和谐发展具有举足轻重的作用。

党的十六届四中全会通过的《中共中央关于加强党的执政能力建设的决定》第一次提出了构建社会主义和谐社会的命题，明确提出“形成全体人民各尽其能、各得其所而又和谐相处的社会，是巩固党执政的社会基础，实现党执政的历史任务的必然要求”[①]。这是我们党从中国特色社会主义事业总体布局和全面建设小康社会全局出发提出的重大战略任务，反映了建设富强、民主、文明、和谐的社会主义现代化国家的内在要求，体现了全党全国各族人民的共同愿望。实现社会和谐，既需要雄厚的物质基础、可靠的政治保障，也需要有力的精神支撑、良好的文化条件。党的十五大报告中指出：“有中国特色社会主义的文化，是凝聚和激励全国各族人民的重要力量，是综合国力的重要标志。”[②] 这是对中国特色社会主义文化重要地位和作用的高度概括。

一、社会主义新农村文化是构建和谐新农村的文化条件

中华民族历来推崇“和为贵”的思想，主张“和而不同”、“求同存异”，提倡在均衡中化解矛盾、求得和谐。“家和万事兴”、“国

① 加强党的执政能力建设［M］. 北京：中共党史出版社，2004：234.

② 高举邓小平理论的伟大旗帜［M］. 北京：红旗出版社，1997：32.

和享太平”，就是对“和为贵”这一哲学思想和文化理念的生动诠释。建设社会主义新农村文化，对丰富农民的文化生活、提高农民的文化水平和综合素质、构建社会主义和谐农村，把“和谐”的理念贯穿于人们对人与自然、人与社会、人与人之间以及民族、国家、政党之间关系的认识和把握中并拓展到经济、政治、文化、社会等各个方面具有重要作用，从而促进社会的良性运行和协调发展。无论是处理政府与群众、农村与城市、家庭与社会、个人与集体的关系，还是处理效率与公平、民主与法制、政治与经济、发展与稳定、收入与分配的关系，都应当体现“和为贵”的思想，努力实现经济社会的协调发展。

二、社会主义新农村文化是构建和谐新农村的思想基础

一个社会是否和谐，在很大程度上取决于全体社会成员有没有共同的理想信念。我国 13 亿人口中有 9 亿农民，农民占全国人口的绝大多数，农民形成共同的理想和信念是构建社会主义和谐社会的思想基础。树立共同的理想和信念需要先进文化的引导、整合。群众文化具有传播和整合效能。它是信息传播的媒体和载体。在构建和谐社会的伟大实践中，通过积极创作弘扬和谐精神的优秀农民群众文化产品，通过广泛的农民群众文化活动，可以表达和谐社会的理想，宣传构建和谐社会的主张，使构建和谐社会的精神深入人心，并且得到社会全体成员的认同，内化为全民族的自觉意识，使全社会逐步形成以和为真、以和为善、以和为美、以和为贵的共识和理念。

三、社会主义新农村文化是构建文明新农村的精神支撑

社会风尚是一个时期社会风气、生活方式和环境氛围的综合反映，体现着人们的精神风貌和行为习惯，标志着社会文明进步的程度。“乡风文明”是建设社会主义新农村的一个重要目标，这就意味着新农村建设必须把树立科学的思想观念、创造良好的道德风尚、形成和谐的人际关系和健康文明的生活方式作为重要内容。文化具有价值整合功能，它可以通过宣传社会的主导价值观、世界观和人生观去整合不同的价值取向，提升人们的精神境界。文化具有行为导向功能，科学的思维方式、健康的理想人格、正确的价值取向、高尚的伦理观念、高雅的审美情趣，可以引导人们积极进取、奋发有为和合乎理性地生活。文化还具有协调人际关系的功能，它可以架起沟通心灵的桥梁，修补各种心理裂痕，从而舒缓压力、愉悦身心、化解矛盾、增进融合。在新农村建设中，加强文化建设，有利于弘扬正确的世界观、人生观、价值观以及科学的自然观、竞争观；有利于倡导社会主义荣辱观；有利于弘扬以爱国主义为核心的民族精神和以改革创新为核心的时代精神。加强社会主义新农村文化建设，可以使广大农民逐步形成以和为真、以和为善、以和为美、以和为贵的共识，正确对待和处理人与自然、人与社会、人与人之间的关系；可以激发农民群众的创造力和创业热情，引导农民群众转变观念，不断增强竞争意识、发展意识、市场意识、生态意识，增强民主法制观念和开拓创新精神；可以帮助广大农民群众树立正确的道德观念，养成良好的道德行为，努力形成邻里团结、家庭和睦、诚信友爱、扶贫济困的社会氛围，在广大农村形成“知荣辱、树新风、促和谐”的文明社会风尚。

第四节 构建社会主义新农村文化的意义

一、构建社会主义新农村文化有利于提高广大农民的道德情操

农民的思想道德包含着农民的思想观念、理想境界、道德情操、组织纪律和社会诚信等方面，它影响着农民群众的社会经济行为，关系着乡风文明目标的实现。

加强社会主义思想道德教育是新农村文化建设的重要内容和中心环节。我们党历来重视思想道德建设。在改革开放新的历史条件下，党中央一再强调物质文明和精神文明建设“两手抓，两手都要硬”。党的十六大报告中提出：“要建立与社会主义市场经济相适应、与社会主义法律规范相协调、与中华民族传统美德相承接的社会主义思想道德体系。“2006 年 3 月 4 日，胡锦涛同志在看望政协委员时强调：要引导广大干部群众，特别是青少年树立坚持“以热爱祖国为荣，以危害祖国为耻；以服务人民为荣，以背弃人民为耻；以崇尚科学为荣，以愚昧无知为耻；以辛勤劳动为荣，以好逸恶劳为耻；以团结互助为荣，以损人利己为耻；以诚实守信为荣，以见利忘义为耻；以遵纪守法为荣，以违法乱纪为耻；以艰苦奋斗为荣，以骄奢淫逸为耻”的社会主义荣辱观。这一论述涵盖爱国主义、集体主义、社会主义思想，体现了中华民族传统美德和时代要求，反映了社会主义世界观、人生观、价值观，明确了当代中国最基本的价值取向和行为准则，是马克思主义道德观的精辟概括，是新时期社会主义道德的系统总结，是深入学习实践科学发展观的重要组成部分，是新形势下社会主义思想道德建设的重要指导方针。

改革开放以来，农民的道德建设取得了显著成就，但是，我们也必须看到随着社会主义市场经济的发展，人们的道德观念发生了深刻变化，一些原有的道德规范不能适应新的实际，而新的道德规范还没有建立起来，一些地方道德失范，是非、善恶、美丑界限混淆。拜金主义、享乐主义和极端个人主义滋长蔓延；见利忘义，损公肥私行为时有发生；不讲信用，欺骗欺诈成为社会公害；以权谋私，腐败堕落现象仍然存在。因此，加强思想道德建设十分重要、十分紧迫。

古人云："民无德不立，政无德不威。"有德是修养，是文明，是基石；无德是无信，是卑鄙，是自灭。我们致力发展的社会主义市场经济是一种秩序规范的经济，更是一种道德高尚的经济。我们现在最缺的不是资源，不是有形的物质，而是无形的道德。加强思想道德建设有利于广大农民群众增强社会责任意识，树立正确的世界观、人生观、价值观，正确处理国家利益、集体利益和个人利益的关系，自觉履行社会职责和法律义务，做一个对国家、对人民、对社会负责任的农民；加强思想道德建设有利于广大农民群众养成尊老爱幼、男女平等、人人相敬、互助合作的良好品德，牢固树立诚信为本、操守为重、守信光荣、失信可耻的信用观念，形成团结互助、平等友爱、共同前进的新型人际关系；加强思想道德建设有利于广大农民群众促进人与社会和谐，形成热爱家乡、热爱祖国、奉献社会、遵纪守法、扶危济困、见义勇为、扶正祛邪、扬善惩恶的良好风尚，形成心齐、气顺、劲足的社会氛围；加强思想道德建设有利于广大农民群众促进人与自然和谐，牢固树立节约资源、保护环境的意识，树立科学发展、可持续发展的意识，促进整个农村走上生产发展、生活富裕、生态良好的文明发展道路。

二、构建社会主义新农村文化有利于实现农村的和谐稳定

当前，随着农村各项改革的深入开展，农民与不同利益群体之间的利益关系越来越复杂，利益矛盾也有所增加，应引起各级政府和社会的高度重视。我国正处于社会主义初级阶段，并将长期处于社会主义初级阶段，社会经济发展水平还不高。据有关权威机构研究表明，一个国家人均GDP在1 000～3 000美元的时候，矛盾最为突出，而我国正处于这个时期，在建设和谐社会中不可避免地还有许多不和谐的因素。尤其是农村，最为脆弱、最容易发生问题，随时都可能会使社会矛盾泛化、分化和细化，给农村社会管理带来相当难度。面对这种复杂的社会形态，以什么方式来感化人、凝聚人、激励人、引导人，进而维系整个农村社会的和谐运行，是值得深入研究的一个现实问题。我国历史表明，优秀文化是维护农村稳定、打造和谐农村的精神动力。因此，构建新农村文化能使广大农民群众超越自身物质利益的困扰，减少思想认识上的片面性和极端化，净化心灵、陶冶情操、理顺情绪、化解矛盾、凝聚力量，形成浩然正气和厚重人格，才能在当代社会转型时期心态平和，行为规范。有学者形容："人本是散落的珠子，随地乱滚，文化就是那根柔弱又强韧的细丝，将珠子串起来成为社会。"所以，我们不能低估文化服务这个软实力，不能低估文化在调节社会关系、化解社会矛盾、构建和谐农村中所起到的潜移默化、润物无声的基础性作用。因此加强农村文化建设有利于协调各种利益关系，缓解各种社会矛盾，实现农村的和谐稳定和国家的长治久安。

三、构建社会主义新农村文化有利于满足广大农民群众日益增长的文化需要

加强农村文化建设，是实践"三个代表"重要思想、贯彻落实科学发展观的内在要求。实现好、维护好、发展好最广大农民的根

本利益，是实践“三个代表”重要思想的内在要求，也是贯彻落实科学发展观的内在要求。群众利益是多方面的，既包括物质利益，也包括文化利益。新农村文化建设是满足广大人民群众精神文化需要，实现和保障群众文化权益的基本途径之一，是实现广大人民群众根本利益的一个重要方面。

改革开放三十多年来，农村面貌发生了翻天覆地的变化，然而农村文化与城市文化差距的拉大却是不争的事实。长期以来，由于对农村文化建设重视不够，投入不足，文化体制不顺、机制不活，导致许多农村文化活动场所缺乏，基础设施陈旧落后，农村文化产品、文化服务供给严重不足，现有文化资源难以得到有效利用。伴随着社会转型期带来的精神空虚，不良文化不断向农村侵袭，封建落后文化重新滋长蔓延，一些地方封建迷信、非法宗教和邪教活动抬头，黄、赌、毒等社会丑恶现象屡禁不止，农村家族文化、宗族文化也呈现出日趋活跃的迹象；在一些地方甚至出现了农村文化阵地丧失的情况，使农村文化建设与构建和谐社会、建设社会主义新农村的目标要求不相适应，与经济社会的全面、和谐、协调发展不相适应，与农民群众的精神文化需求和追求和谐生活的愿望不相适应。解决这些问题，关键在于发挥先进文化在农村的导向、凝聚、规范作用。因此，加强农村文化建设，构建社会主义新农村文化，有利于广大农民群众支持健康有益文化，努力改造落后文化，坚决抵制腐朽文化，有利于不断丰富农民的精神生活，增强精神力量，满足广大农民群众日益增长的精神文化需要。

四、构建社会主义新农村文化有利于推进政治民主化进程

建设社会主义新农村，并非简单的村庄环境整治甚至大规模的基础设施建设，它的主旨和主体是新农民建设，是不断提高广大农民群众的综合素质，推进农村的政治民主化进程，其核心是农村的文化建设，即提高农民精神层面的收益。随着国家现代化的发展，农村社会需要农民积极地参与民主管理。尽管经济发展能促进农民从生存价值观到自我表现价值观的逐步转变，富裕社会更有可能民主化，但并不是经济发展的程度就决定着民主文明的程度。在当代中国，由于新旧体制的转型，农村社会呈现出领域分化、区域分化、阶层分化、组织分化、利益分化和观念分化的态势，农村基层组织的政治整合能力有所下降，社会文化的某些领域也出现了结构性分化。而文化建设的切入无疑能够给新农村建设提供制度和秩序的基础，政治建设必须以文化建设为条件，作为一种非经济力量同时也是一种非政治力量的区域文化建设恰恰是通向政治文明的桥梁。文化能影响农民对政治民主的追求，农民有了文化，视野才能开阔，才能更好地参与政治，追求政治生活，所以，农村政治民主化的关键是通过文化建设来提高农民的民主意识。

社会主义新农村文化构建的精神资源

第一节　中国古代传统文化资源

中国农村传统文化的内涵非常丰富，也有其深远的历史渊源，它脱胎于农业社会，蕴含于中国传统文化之内，本质是农业文化。在传统中国社会，农业文化不仅是农村文化，也是城市文化，是贯穿和渗透于社会生活的各个阶层的文化。在社会日益现代化的今天，作为中国农业文化的发源地——农村，更多地保留了农业文化的传统。今天看来，中国农村传统文化的集合不仅界定了中国农民与西方农民的区别——中国农民几千年来生活在一个以儒教为主导的伦理社会中；也界定了农村社会与城市社会的区别——城市社会近代以来经常发生的文化革新运动对儒教传统文化进行了较大程度的革新和改造，相对于此，农村传统文化则有较强的稳定性和缓慢性；还界定了农民阶层同其他社会阶层的区别——农民一直依附于土地，土地收成在于天，同在儒教背景下，农民形成了自身的价值观念体系。因此，中国农村社会的传统文化具有其自身的独特性，这种独特性内化在农村文化深层，又显现在社会生活的表层。

一、“天人合一”的农牧文化是古代传统农村文化的精髓

“天人合一”的农牧文化就是把农牧业置于大自然之中，认为人类的农耕和牧业都是自然界的一部分。中华民族的文化源远流长，而在中华大地上发育起来的农村文化更是远古文明。随着岁月的流逝，随着年代的远久，随着时代的进步，不断推陈出新，对社会产生着重要的影响。中国古代文化首先表现为“天人合一”的农牧和谐文化。

王充在《论衡》的《击壤》歌中写道：“吾日出而作，日入而息，凿井而饮，耕田而食。”这体现的是远古农村一种悠闲、优雅、自由自在的农耕农村状态，表现的是农村文化的一种天然纯朴的“天人合一”状态。对于农村传统文化的描述，在思想创新、百家争鸣的时候，《周易》、儒家、道家对“天人合一”的农牧传统文化都有一定的理解。

（一）《周易》“天人合一”的农牧文化思想

在我国农村世代更替的过程中，时有兴衰，最突出的就是农民用他们的智慧和辛勤劳动创造了中华民族古老的农业文明。中国古人说过：天地之大德曰生，万物一体，一视同仁。赞“天地人合”是中国文化中一种特殊的宇宙观和人生观，由此造就了中国五千年农村文化。中国人都推崇“大农人生的文化传统”，认为它可以引领农业文化前进，强调“三才”观念在中国古代农学中突出地位的石声汉指出：人们喜闻乐道的“天时、地利、人和”、“因时制宜”、“因地制宜”实质都是我们的祖先在从事农业生产和与自然斗争的过程中总结出来的自然哲学宇宙观。《周易·彖上》说，“至哉坤元，万物资生，乃乘顺天。坤厚载物，德合无疆，含弘光大，品物咸享”，这句话的意思是：大地是维护万事万物生长发展的土地，

要为万事万物的生长提供良好的环境，使得万事万物享受大地的雨露，人和万事万物能和谐相处，这是一种“天地人合”的文化渊源。《周易·大传》提到：“夫大人者，与天地合其德，与日月合其明，与四时合其序，与鬼神合其吉凶。先天而天弗违，后天而奉天时。”就是说人如能顺应自然，与天地和谐相处，就达到了最高的境界，这些都是“天地人合”的农牧文化思想。

（二）儒家的“天人合一”的农牧文化思想

孔子主张合理开发自然，包括农、牧、畜等，他指出：“伐一木，杀一兽，不以其时，非孝也。”他还说：“智者乐水，仁者乐山”。他认为人、山、水、木、兽相互融合，他要求人们热爱大自然，热爱土地上的一草、一木、一鱼、一兽、一山、一水，认为这是“天人合一”。《孟子·尽心上》说，“尽其心者，知其性；知其性，则知天矣”，孟子认为人和天是相通的，主张“天人合一”。就是说人不能违背农时，农民在各自不同的季节要干不同的农活，而不能不合时令地乱种，这样才能五谷丰饶，要“数罟不入洿池”，则鱼鳖的资源也就源源不断，永不枯竭，要“斧斤以时入山林”，则树木茂盛，取之不尽。荀子认识到自然界的运行有自身的规律，提出“天有行常，不为尧存，不为桀亡”，他主张万事万物应该和谐相处，强调“万物各得其和而生，各得其养而成”。中国是一个农业大国，以农为本，农业社会是春种秋收，在这个过程中，人们期望是风调雨顺，人们的农事活动要与自然相联系，这是一种“天人合一”的自然和谐思想。

董仲舒说“人之人，本于天，天亦人之曾祖义父也”，人的祖宗是人，祖宗的祖宗是天。他又提出“天人之际，合而为一”，明确了“天人合一”的思想，这是古人对天地之间，自然之间的一个基本观点。天道与人道统一，天性与人性相通，生于自然，顺其自然，回归自然。人要充分实现自身的价值，就要与上天及大地，与万物及自然界和谐相处。我国是一个农业大国，自古以来的精耕细作，田间劳作中，农民同土地、同大自然保持着直接的联系，通过对农业生产者进行哲学思考，就会把农耕与大自然看作一个有机整体，“天人合一”的思想反映了中国古代农耕文化的整体思维特征。

（三）道家的“天人合一”的农牧文化思想

“天地与我并生，而万物与我为一”是我国古代道家文化思想“天人合一”的和谐学说。老子认为，人与自然是统一的，他说，“道生一，一生二，二生三，三生万物”，说的是人的诞生包含在三生万物之间，域中有四大，而人居其一焉，自然与人并重，人的地位与道、天、地并列，即所说的“道大、天大、地大、人亦大”。他所说的“道”就是自然的规律，人应该遵循它，他说“人法地，地法天，天法道，道法自然”，老子认为人既然是天地的产物，就应效法天地，顺应和适应天地，使天地人更为和谐。后来，庄子又升华了老子的思想，《庄子·齐物论》说：“天地与我并生，而万物与我为一。”表达了“天人合一”的朴素思想，直观地揭示了人是自然界的一部分，在认识自然和改造自然的过程中既要发挥人的主观能动性，又要尊重自然规律，以达到人和自然的和谐统一。

二、“多元交汇”的千年传统农牧文化

“多元交汇”是指传统农牧业的起源和发展的多元性。我国农牧业不是从单一中心起源而向周围辐射，而是在若干地区同时或先后发生的。在这种多中心起源的基础上，我国农牧业在其发展过程中，基于如此自然条件和社会传统的差异，经过分化与重组，逐渐形成不同的农牧业类型。这些不同类型的农牧业文化，往往是不同民族集团形成的基础。中国古代农牧业是由这些不同地区、不同民族的不同类型农牧业融汇而成，并在它们的相互交流和相互碰撞中

向前发展的。这种现象称之为“多元交汇”。中国古代农村是以农耕为中心、农牧业结合、综合经营的广大农区与以游牧为主的广大牧区同时并存并且相互补充的。各地区、各民族农牧业发展的不平衡也导致农牧业文化呈现出多元交汇的特色。

（一）多元的农耕文化是古代农村文化的核心

1. 农耕文化起源多，区域广。农业起源和作物起源是既有联系又有区别的，远古时代不同的农作物种植区有各自独立的起源，即使同一作物种植区内农业文化的源头可能也不止一个。通常人们把黄河流域视为中华民族文化的摇篮，一直认为我国的农村文化首先发源于在黄河流域，然后慢慢地传播到其他地方。但在新中国考古学的发展中已经从根本上推翻了这种观点。20 世纪 70 年代在浙江余姚河姆渡发现了距今近七千年的丰富的稻作遗存，完全可以和同时代黄河流域的粟作文化相媲美，而农耕文化却有明显的差异。这一发现无可辩驳地证明长江流域和黄河流域一样都是中华古代农村文化的摇篮。从资料中发现，华南地区的农村文化和农业文化出现得也相当早，从当地生态环境和有关农业的资料看，这里的农村文化和农业文化很可能是从种植薯芋等块根、块茎类作物开始的。有资料显示，长江中下游发现了有距今九千年的稻作遗存（湖南澧县彭头山），长江上游发现了距今七千年的稻作遗存，长江下游种的是秈稻和杭稻的混合体。在黄河流域，则存在以关中、晋南、豫西为中心的仰晋文化系统和以山东为中心的北辛—大汶口文化系统，均种植粟黍，北部辽燕地区的红口文化系统也属粟作农业区，长城以南，甘肃青海以北地区主要实行粮食生产为主。长江流域跨越寒温热三带，有辽阔的平原盆地，连绵的高山丘陵，众多的河流湖泊，丰富的动植物资源。各地自然条件的差异很大，形成大大小小有相对独立性的地理单元。正是因为在这样一种地理环境中，生活于不同地理单元的各民族，在自然条件和社会传统的多样性基础上形成了相对异质的农业文化。这些文化经常性地相互补充、相互促进，构成多元交汇、博大恢宏的多元文化体系。中华农耕文化几千年的持续性造就了中国文化的延续力，传统农耕文化的持续发展保证了中华文明的绵延不断，使其具有极大的承受力、愈合力、凝聚力和发展力。

2. “精耕细作”是多元交汇农牧文化的产物。“精耕细作“是指在农牧业生产中为提高耕作质量而采取的方法和手段。“精耕细作”这个词，人们在谈论中国农业和农业史时经常使用，出现的频率很高。但在古书中只有“深耕疾耨”、“深耕熟耘”等提法，这虽是精耕细作内容之一，但并不等同于精耕细作。精耕细作一词出现于晚清。新中国成立前后，这一概念日益广泛地被人们使用。所以，“精耕细作”是现代人对中国传统农牧精华的一种概括，指的是传统农业的一个综合技术体系。在世界文明的发展史中，中华文明是起源最早、成就最大的文明古国之一，虽有起伏跌宕，但始终没有中断过的农牧文明一直向前发展。以多元交汇、精耕细作为核心的中国古代农牧文化所具有的强大生命力，既是中华文化得以持续发展的最深厚的根基，也是中华农村文化火炬长明不灭的主要奥秘之一。中国传统农业关于土壤肥力可以变动和通过人工培肥可以使“地力常新壮”的理论，就是在这个基础上提出来的。在“土宜论”和“土脉论”的指导下，人们综合运用耕作、施肥和浇灌等措施，不但给作物生长创造了良好的土壤环境，而且把大量条件差、产量低的土地改造成良田。耕、耙、耱、压、锄相结合的北方旱地耕作技术，耕、耙、耖、耘、耥相结合的南方水田耕作技术成为传统农业精耕细作技术体系的重要组成部分，由于我国农耕经济占主导地位，因此精耕细作代表了我国古代农业技术和农村文化发展的主流。

在牧业生产中较早形成了舍饲与放牧相结合的生产方式，讲究畜舍的布局与卫生，饲料的开辟与加工，喂饲的适时与适量，使用的合理与适度，又有精料集中喂饲，限制畜禽运动以快速育肥等办法，体现了集约经营的精神，可视为农耕文化“精耕细作”在家畜料生产中的延伸。在这样一个农牧业体系中，中国古代人民的农业实践，无论广度和深度，在古代世界是无与伦比的。这样丰富的实践，是“精耕细作”优良传统形成的真正基础，正是各民族农业文化的交流，促进了“精耕细作”技术的形成和完善，使“精耕细作”体系不断扩充，内容不断丰富，使之成为覆盖宽广、影响深远、延续不断的体系，所以说“精耕细作”是多元交汇农牧文化体系的产物。

（二）多元农牧文化并存造就中国农村文化的包容性

我国古代历史上不同类型的农村文化，可以划分为农耕文化和游牧文化两大系统，虽说农区和农耕文化处于核心和主导地位，但我国历史上的农耕文化和游牧文化相互依存共同发展了几千年。在我国新石器时代农村文化一般呈现以种植业为主、农牧采猎相结合的经济局面。晚至黄河中下游地区由原始社会向阶级社会过渡的同时或稍后，游牧部落才从西部、北部、东部某些地区陆续出现。从西周中期至春秋时代，形成了“华（农耕民族）夷（游牧民族）杂处”的局面。到了战国，随着黄河流域大规模开发，进入中原的游牧人基本上接受了农耕文化，融合为华夏民族的一部分。而战国秦汉是农区向牧区扩展的重要时期，扩展的方式主要是移民实边和戍军屯垦，扩展的主要结果之一是在农区和牧区之间形成了一个较为广阔的半农半牧地带。魏晋南北朝时期，随着东汉末年匈奴、羌、氐、羯、鲜卑等少数民族的内迁和南下，出现了与秦汉相反的牧进农退的变化，这些民族原来都以游牧为生，有的虽然内迁居住已久，逐步适应了农耕生活，但在战乱频繁、荒田遍野的情况下，难免部分地恢复旧日的习惯。隋唐是农区和农耕文化再度扩展时期，这一时期半农半耕牧区界线与汉代差别不大，但区域内部农业比重却有明显增加。唐代广泛吸收少数民族内迁，使之逐步向农耕文化靠拢。宋代出现了西夏王朝，使畜牧业比重在一个时期内明显上升，但并未改变秦汉以来半农半牧区的基本面貌和界线。到元世祖时代，他建立了劝农机构，制定劝农条例，组织编写农书，以恢复和发展中原的农耕文化为己任。明清时代，我国农牧区关系进入了一个新的关键时期，明代统治区域西部不过嘉峪关，新疆、漠北以至河套地区大部分为游牧蒙古人所占据，但明朝辖区半农半牧面貌发生了巨大变化，基本上转化为单纯的农区，从而结束了该区长期以来农耕和游牧两种方式拉锯式进退的局面。满族入关建立清朝以后，内地和草原和为一家，在汉满各族人民的共同努力下，结束了游牧民族和农耕民族长期军事对峙的局面，内地与北部、西部少数民族之间贸易和文化交流广泛展开。

我国历史上的农耕文化和游牧文化虽然在地理位置上时有相互对峙，但在经济、文化上却是相互依存的，偏重于种植业的以汉族为主体的农区需从牧区取得牧畜和畜产品，作为其经济补充。牧区的游牧民族种植业不够发达，基本上都是靠“天”养畜，丰收与歉收对牧区牧民生活条件影响很大，当其有富余牧畜产品时固然要向农区输出，其不足的农产品和手工业品更需从农区输入，遇到自然灾害时尤其如此。在大多数的情况下，两大政治、经济、文化区域通过官方和民间的交易以及贡赐进行联系，从匈奴人到蒙古人，无不热衷于与农区做生意，但和平贸易并不总能够维持长久，农区统治者往往把交易作为控制驾驭游牧民族的一种手段，从而使正常的贸易受到阻碍，游牧民族多处于奴隶制或初期的封建制阶段，游牧民族经济的单一性形成了对农区经济、文化的依赖性，有时就以掠夺的方式表现出来，对久居的农区生活构成威胁，这样就会导致战争。战争虽然造成巨大的破坏性，但加速了各地区各民族农业文化的交流和民族的融合，为各民族之间的经济、政治、文化交往开辟了道路。因而战争又成为两大文化区域政治、经济、文化交流的特殊方式。农牧区的这种关系，对中国古代政治、经济、文化的发展影响很大。我国的游牧民族尽管有时把它的势力范围扩展到遥远的西方，但它的活动中心和统治重心始终放在靠近农耕民族统治区的地境。中原的汉族政权和北方的游牧民族之间虽然在历史上打过不少仗，但打来打去还是走到了一块，多民族统一的国家越来越扩大，越大越巩固。这种现象可以从农耕文化和游牧文化的相互对立又相互依存和融合中找到它最深刻的文化根源，而使中国农牧文化不仅包容百家学说和不同地区文化，且长期吸收周边少数民族的优秀文化。

三、多元的传统自然经济是古代农村文化的重要特征

中国农民自古以来就有强烈的民族自尊心，有勤劳、勇敢和吃苦耐劳的美德，有百折不挠、愈挫愈勇的自强精神。中国农村文化传统的内涵非常广泛，但并不是所有的传统文化都能够对农业演变发生实质性影响，具有小农意识的多元传统经济被认为是中国农民和农业最典型的文化品格。中国传统的农区文化，是以一家一户为生产单位的自给自足的自然经济型文化，是一种封闭式的自然经济，是中国古代社会经济的主体，它主要是由东亚大陆得天独厚的自然条件和地理生态环境孕育的。因而，中国传统自然经济具有以下特征：循环往复，长期延续；多元成分结构，既有国家土地又有农民和私人土地；既早熟又不成熟。

中国数千年传统自然经济分几个不同的发展阶段，最显著的划分标志是土地所有制。因为土地是农耕社会最基本、最重要的生产

资料。夏、商、周时期，土地属于国家所有，不得自由买卖和私自转让，农业生产以集体劳动为主。西周后期，集体耕作的土地有了公田、私田的分别，也就是“井田制”。东周以后，随着生产力提高，土地国有形态走向瓦解。以小农经济为主的自然经济占主导，其主要表现形式就是耕织结合，春秋战国以来耕织结合的生产方式一再为人们所称引和强调，如《尉僚子·治本》上说：“夫在芸耨，妻在机杼，天无二事，则有储蓄。”

战国秦汉的地主经济也是自然经济与商品经济的结合。依照结合形式和内容的不同，把战国的地主分为两个类型：一类是“田庄型”，多以经营大田农业为主。另一类是“货殖型”，从事大规模商品生产，在他们的田庄里生产多种产品，这些产品主要为出卖生产。但从种类繁多并以粮食为大宗看，其中主要也是自给性生产，或是以自给性生产为基础。

农耕社会多元化结构造成了中国自给经济既早熟又不成熟的特征。从早熟的一面讲，频繁的土地买卖情形出现在秦汉之际，农民较早地拥有了离开土地的自由，中国的商品货币经济繁荣于汉唐宋元明清的各个时期。从不成熟一面讲，过于早熟的经济形态及时补充了农耕经济的不足，凝聚了传统农耕经济和农耕文化的保守性和坚固性。商品经济对自然经济的否定作用被农耕经济的多元化结构及时化解和吸收。使中国到封建社会晚期，其经济结构都是以自然经济为主体。

第二节　中国近代农村文化建设的经验

一、中国近代农村文化发展的现状

在近代，由于封建势力的长期统治、帝国主义的入侵及自然灾害，我国的农村经济和农村文化遭到了严重破坏。

（一）帝国主义悍然入侵，破坏传统文化

随着帝国主义的入侵，在农村，许多地方的村舍被烧，大批大批的农民背井离乡，田园荒废，茫茫千里，鸡犬不闻。农民流离失所，农村经济崩溃，村庄和集镇衰落，农村文化遭到了前所未有的破坏。在农村，一方面地主土豪陈谷路仓，囤积大量粮食。而另一方面广大农民饥肠辘辘，而且灾害连绵，农民颗粒无存，啼饥号寒，卖儿卖女，饿殍遍野。在绥远甚至发生了“易（子）而食”或活人吃死尸的事件，那景象真是惨绝人寰。例如，1928 年至 1930 年，陕西一省外逃的农民就高达 723 万人，1931 年，全国 3/4 的县发生大水灾，有的地方水深 9 尺，泡塌房屋占当时原有总房屋的 45%，农民流离失所的达到了 40%。而在号称“天府之国”的四川，从民国初年开始的 20 多年中，发生大小战争 400 余次，许多村庄、古迹被洗劫一空。历史上曾经相当繁荣的小城镇及文化设施，由于农村经济破产，农民流离失所及战争的摧残，大量的文化场地化为废墟。农村文化的对象，也就是农民，由于衣不遮体，食不果腹，甚至发生人吃人的现象，这样根本就顾及不上所谓的文化建设。①

① 中华魂网．当代中国乡村建设［EB/OL］．http：//www. 1921. org. cn/CN_ 2/index. jsp，2009－03.

（二）自然灾害频繁发生，削弱传统文化

中国是一个灾害频发的国家，近代中国更是处于历史上的“灾害发生期”，大灾、小灾不断，大批农民背井离乡，田园荒废，茫茫千里，鸡犬不闻，灾民遍野，社会生产力受到极大的破坏，严重破坏了乡村秩序。部分农村更是出现人口凋零、经济衰弱的现象，成为典型的“衰弱农村”。在中国的灾害史上，明清时代以灾害频发著称，被称为“明清宇宙期”，而山西地区又是“十年九灾”的多灾害区域，其灾害发生的频率与破坏程度在中国的北方是相当突出的，山西的传统文化和传统农业受到很大的破坏。经济基础遭受极大地破坏，上层建筑无以为继，文化发展更为艰难。

二、近代中国振兴农村文化的探索

（一）近代乡村文化建设运动的兴起

面临农村经济、文化的破产，一批文人、学士、有志之士发起了振兴农村文化的运动。最早提出振兴农村文化运动的是河北省定县的米迪刚、米鉴兰。在1902年，他们提出了以“灌输村人知识，养成优美乡风”为目标，振兴中华农村文化的倡议。1904年，米鉴兰留日回国后，在他的家乡——定县瞿城村，成立了“爱国宣讲会”，办了阅报所、图书馆；[①] 1905年，成立了“改良风俗会”，提倡男不满20不娶，女不满16不嫁，禁止丧事念经，妇女裹足；成立了“睦邻会”，以联络村人感情，传播各种文化；成立了“勤俭储蓄会”，以养成村民勤俭耐劳淳朴之风，在此基础上提倡大力凿井，平整道路，开发农村，为乡村文化复兴建立基础。米氏的试验在社会上引起各方面的关注，有的赞扬，有的批评。批评的人认为：

---

① 中华魂网．当代中国乡村建设［EB/OL］．http：//www.1921.org.cn/CN_ 2/index.jsp，2009－03.

“米氏的试验趋于复古，他的文化思想渊源是周易，他的理论根据是大学，他的理想人物是虞舜。”[①] 由于很多的村民难以接受新的文化运动，瞿城村的试验中断下来。

（二）近代乡村文化振兴运动中比较重要的三派

为了乡村文化的振兴，一大批受西方教育和社会思潮影响的文人、学士大造舆论，为推动乡村文化运动做出了很大的贡献，并各自有独立的宗旨，其中比较重要的有：

一是以教育家陶行知为代表的乡村文化生活改造派。陶行知是20世纪我国乡村建设、乡村教育、乡村文化生活改造派的先驱。他强调乡村建设要坚持“民为邦本”的理念，塑造“共和新民”，发扬“农民民主”、对农民进行“科学与生利教育”、采用“创新与试验”的方式，建设一支“服务型”的领导队伍，积极“缩减城乡教育差异”等思想，这对于当下社会主义新农村建设具有重要的启示与借鉴作用。[②]

1923年，陶行知发起组织“中华平民教育促进会”，编写《平民千字课本》，推广平民文化教育。1926年发表《中华教育改进社改造全国乡村教育宣言书》，倡导乡村文化教育运动。1927年，陶行知的“中华教育改进社”在南京创立了晓庄试验乡村师范学校，提出“生活即是教育，社会即是学校”等理论，在乡村传播各种文化。乡村教育以学校为中心，附近设有联村卫生会、商店、医院、救火会、武术会、印刷厂、民众学校。其方针是：富教于生活，实行“教学做合一”的文化教育理论，使这种文化生活改造在村民中

① 中华魂网．当代中国乡村建设［EB/OL］．http：//www.1921.org.cn/CN_ 2/index.jsp，2009－03.

② 李建新，邓一鸣，吴家淼．社会主义新农村建设探索［M］．长沙：湖南师范大学出版社，2007：6－7.

得以较为广泛的传播。但这种试验，历时三年，最终无果而终。1932年，陶行知又组织了乡村改造社，他在《乡村教育宣言书》中明确提出："乡村教育的政策就是要乡村学校做改造乡村生活的中心，乡村教师做改造乡村生活的灵魂……一心一意地为中国乡村开创一个新生命。以大众的工作养活大众的生命，以大众的团结力量保护大众性命"。他组织乡间农民接受各种文化、生产训练，包括"生产、科学、识字、民教、生育、军事"六大训练，试图通过提高民众的思想、文化素质、体能，以改造乡村文化。陶行知是要通过师范教育培养改造乡村教师，从而改造中国社会。他认为，乡村师范学校负有训练乡村教师、改造乡村文化生活的使命，要想每个乡村师范毕业生将来能负起改造一个乡村文化的责任，必须使乡村师范学生有良好的素质。总的培养目标是要求师范毕业生必须具有"健康的体魄，农夫的身手，科学的头脑，艺术的兴趣，改造社会的精神"①。我们从事乡村教育的同志，要把我们整个的心献给我们三万万四千万的农民。我们要向着农民"烧心香"，我们的心里要装着农民的甘苦，我们要常常念着农民的痛苦，常常念着他们所想得到的幸福，我们必须有一个"农民甘苦化的心"，才配为农民服务，才配担负改造乡村生活和乡村文化的使命。

二是以平民教育家晏阳初为代表的平民文化教育派。晏阳初认为中国是一个乡村本位的社会，要振兴国家，必须从农村的平民文化入手，这是中国把平民文化教育的视线从城市转向农村的开始②。

1926年，晏阳初率领一批有志之士，"走出象牙塔，跨进泥巴墙"，到河北定县农村"安家落户"，以定县农村为中国平民文化改

---

① 陶行知．陶行知全集第1卷［M］．长沙：湖南教育出版社，1985：87.

② 田成刚，晏阳初．农民问题的理论与实践［J］．民国档案，2006（4）．

革和平民教育试验室，高举平民文化教育的旗帜，进行了一系列旨在顺“民心”、发“民力”的试验研究。他认为，中国农村的民智未开，根本问题是文化失调，只有提高农民的文化素质，方能使他们对于改造农村文化有彻底的认识和信仰。为了根除中国农村的农民存在的“贫、愚、弱、私”四大毛病，为了提高农民的文化素质和素养，以增进农民的“知识力、生产力、健康力和团结力”，他们试着推行文艺、生计、生产和卫生四大方面的教育，他让农民在平民教育学校里接受简单的教育，让他们自己组织同学会，在中国历史上农民第一次有了自发组织的“社区”文化生活。后来，定县成为全世界的乡村文化运动的发源地。晏阳初的主张，在当时来说使农民各方面的素质都有所提高，是一些很好的愿望，但最终解决不了当时农民饥寒交迫这一农村社会经济问题。

三是以梁瀚溟为代表的乡村文化建设派。所谓乡村文化建设，是以解决乡村文化问题为中心的社会建设。因而其目的不止在文化本身，而是对社会、政治、经济诸问题的综合解决，是从乡村文化开端倪，来创造一个新文化，创造一个新社会。他提出：“中国为乡村国家，应以乡村文化为根基，以乡村文化为主体，应以村为本，以农业引发工业，从而繁荣都市文化。”① 梁瀚溟指出中国的根本问题是文化失调，故实系于文化问题的解决，而文化问题的解决方法与途径在于乡村文化建设。因为文化失调则民族文化生命力丧失，而文化生命是决定民族命运和国家前途的根本。梁漱溟认为，无论广义还是狭义的教育，平时皆为“绵延文化而求其进步”，换言之即为“不使文化失传，不使文化停滞不进”，而“所谓文化者，一切文物制度，礼俗习惯莫不属之”；即“着意在改造文化、创造文

① 梁瀚溟．乡村建设理论与实践［M］．武汉：湖北人民出版社，2006.

化，而不是延续文化”。只有这样才能在农村形成新的文化传统，从而在文化传统的基础上能够获得集体行动的条件。

1931 年 6 月，山东成立乡村建设研究院，梁濑溟任院长，并以邹平县为试验区。在中国这一农业为主的社会里，乡村文化破坏乃是中国文化之本的动摇，梁漱溟认为未来社会结构应是以“乡农学校”为乡村文化建设的基本单位。乡农学校由四部分组成：即校董会（乡村领袖）、校长（常务校董）、教员（知识分子）和学生（乡民）。乡村社会组织即由乡农学校扩充而成，在这样一个社会组织内，其运行的准则规范是由旧乡约改进的新乡约——“礼”，这是社会的基本制度。他指出：“礼的根本，礼的重要，礼的大端在其制度。”具体落实在其乡农学校中，乡农学校须知中的各项须知都是礼，学众、学长、学堂各尽其责即为礼，全盘组织是为礼，而行的时候全靠礼貌仪礼之礼。梁漱溟认定，将来的整个国家政治制度也就是这一个格局、这一个精神、这一个规模发展起来的。他说：”我们是在创造一种新的社会组织，我们是要从乡村培养出新组织构造的苗芽。”全国的这种乡村组织就可以联合成一大系统。等这个社会的新苗芽长成后，就可以把现政权替换下来。那时，社会运行的制度是礼治代替法治，行政机关教育化，乡村组织中“尚贤尚智”的风气就演变为“人治的多数政治制度”。因此社会组织构造要从乡村文化入手，欲以乡村学校为中心，通过教育等手段使中国文化之本土得以巩固，从而使中国文化得以复活。但梁濑溟的主张，在当时内忧外患的情况下，也未能实现。[①]

---

① 李建新，邓一鸣，吴家淼．社会主义新农村建设探索［M］．长沙：湖南师范大学出版社，2007.

三、中国革命根据地的农村文化

（一）“打土豪、分田地”的土地革命时期农村文化

中国早期革命走的是农村包围城市的道路，中国革命根据地文化建设是中国农村文化的建设。党在革命根据地开展打土豪、分田地、废除封建剥削和债务，满足农民土地的革命要求。由于革命根据地的文化建设，使中国产生了以马克思主义为指导的文化主力军。“这个文化新军的锋芒所向，从思想到形成（文字等），无不起了极大的革命作用。其声势之浩大，威力之猛烈简直是所向无敌。其动员之广大，超过了中国任何历史时代。”① 随着土地革命的不断扩大，农村群众性的文化宣传日益活跃起来，红军所到之处，把文化宣传当作教育群众、组织群众、打倒敌人的重要武器，所以“往往紧跟着工作任务或战争任务而来的，就是文艺活动协同动作”②。苏区的文化事业成为“革命总战线中一条必要的重要战线”③。

1931 年 9 月 23 日湘鄂赣工农苏维埃第一次代表大会通过的《文化问题决议案》进一步明确了文化工作的任务和意义，是指导苏区农村文化建设的重要文件。其中指出：使人民群众享受文化娱乐，是为人民谋利益，是培养大批人民群众到苏维埃政府来工作的重要途径。同时还就教育、宣传、文化机构的职能和责任进行了十分明确的规定，提出了详细的文化建议实施方案：在学校教育方面，实施马列主义和军事教育，反对复古教育，实行改良后的统一教材等。在社会教育方面，动员全社会的力量开展扫盲活动，号召人民群众反对宗教迷信，铲除封建习俗，破除“三从四德”，男尊女卑

---

① 毛泽东．新民主主义论［M］．北京：人民出版社，1964.

② 汪木兰，邓家琪．苏区文艺活动资料［M］．上海：上海文艺出版社，1985：86.

③ 毛泽东选集（第3卷）［M］．北京：人民出版社，1991.

等旧礼教，旧道德观念，废除穿耳、束胸、缠足等封建残余；实行婚姻自主、自由结社等文化民主权利，提倡办农村小报和工厂小报；建立图书馆等。使土地革命时期的农村的文化建设形成了完整的思想体系和网络体系，有力地推动了中共苏区农村文化建设事业的发展。

（二）“唤醒民众觉悟”的抗日根据地农村文化

“九一八”事变，特别是华北事变后，为了动员全国人力、财力、物力反对日本帝国主义，1935 年 12 月，中共中央在瓦窑堡召开政治局扩大会议，确立了抗日民族统一战线。随后，中国共产党在文化战线上积极转变策略，开始由土地革命工农农村文化向抗日文化的思想转变。1936 年 11 月，中国文艺协会在陕北召开，毛泽东在大会上高度强调文化在抗日战争中的作用。1937 年全面抗战爆发后，中共中央曾多次发出广泛开展抗日文化运动的指示和宣传活动，抗日根据地的农村文化得到迅速的发展。

1. 建立各种群众性文化组织。1937 年 11 月 12 日在延安成立陕甘宁边区文化救亡协会，它是陕甘宁边区文化一个总的领导机构，是一个极其广泛的群众性组织，如建立抗战文艺工作团、文艺界抗战联合会、战歌社、文艺突出社等。各种社团贯彻党中央关于文艺为工农大众服务的方针，深入到乡村，进驻农户，与群众一起，用群众喜欢的方式，如唱歌、办墙报、开茶话会、办游艺会、演戏尤其是秧歌剧等，将党的方针、政策传达到群众中去，提高了群众的政治觉悟、民族意识。在中国共产党的领导下，抗日根据地的农村文化活动开展得有声有色。

2. 开展面向群众的社会教育。为了提高工农群众的文化水平，各抗日根据地积极开展面向广大乡村、面向广大群众的社会教育，通过办夜校、识字班等形式，为群众扫盲。由于组织方式灵活，学习内容通俗易懂，深受人民群众欢迎，在边区和各抗日根据地掀起了社会教育的高潮。通过社会教育，不仅扫除了文盲，而且提高了民族自信心。另外，各抗日根据地针对文化教育水平起点低的特点，兴建了许多小学和中学，大量吸收农村的适龄儿童入学，为培养革命的新一代，为将来建设新社会准备了人才。同时，根据地在兴办教育的过程中，将教育内容与抗战、生产相结合，文化教育与政治教育相融为一体，学校教育与社会教育同步进行，这些特点都是党在抗日根据地农村文化建设的主张。

抗日根据地文化建设通过文化工作，唤醒农村民众民族意识，鼓舞民众的民族战斗热情，反映了广大人民群众的最根本利益，它以广大的工农群众为主体，与工农群众相结合，从形式到内容都体现了为人民群众服务的宗旨。

第三节　中国现代农村文化建设的探索

新中国成立以来，我国文化建设从总体上看是受到党和政府高度重视的。文化建设总是和当时的历史任务以及历史形势紧密结合，在各个方面取得了较显著的成绩。

一、解放初期：蓬勃发展农村文化

解放初期，面对百废待兴、刚刚诞生的新中国，全国上下所激发出来的奋发昂扬的精神状态成为当时整个社会的精神主流。文化建设适应这一精神主流，在农村重点革去旧文化旧思想和建构新文化两个方面取得了重要成绩。农村文化建设适应这一重大历史进程，农村的各项文化事业都在较短的时间里得到了恢复和发展。

解放前地主、富农占有的土地约占全国耕地的60%～70%，而他们的人口仅占全国的10%左右。1949年的土地改革运动，将地主、富农所占土地及其他生产资料平等分配给90%以上的无土地农民家庭，使土地资源的占有平均化，这正符合中国广大农民传统的平均主义思想，中国农民几千年来一直渴望的平均田地的理想得以实现，90%的农民的积极性得到提高，农业生产在短期内迅速发展。1957年的农业总产值数比1949年增长了48.5%，年平均递增14.1%，粮食增长44.8%，年平均增长13.1%，是中国近代农业史上少有的"黄金期"，约有40%～50%的农户达到了中农的生活水平。随着农村经济的恢复，乡村的文化教育事业也得到了恢复和发展。1953年下半年，全国农村小学学生人数达到4 900万，占学龄儿童总数的65%；县文化馆达2 436个，几乎每县有一个；区乡文化站6 000多个，农村俱乐部、图书室达2万余个。①

在农业合作化运动的推动下，农村的文化事业也蓬勃发展起来。据1957年统计，全国乡镇文化站发展到2417个，电影队发展到6 692个②，许多地方办起了业余剧团、俱乐部，农村文化生活活跃，反映了新中国成立后农民新的精神面貌。1957年，中共中央公布了《1956年到1967年的全国农业发展纲要（修正草案）》。其中规定"按照各地情况，分别在七年或十二年内普及小学义务教育"，"在七年或十二年内基本上普及农村文化网，建立电影放映队、俱乐部、文化站、图书室和业余剧团等文化组织"，"在七年或十二年内基本上做到乡乡有体育场，普及农村的体育活动"。根据这些要求，很多地方开始进行农村居民点建设的示范工作。

---

① 中华魂网．当代中国乡村建设［EB/OL］．http：//www. 1921. org. cn/CN.

② 中华魂网．当代中国乡村建设［EB/OL］．http：//www. 1921. org. cn/CN.

二、"大跃进"时期：文化"大跃进"

1958 年 5 月召开的中共八大二次会议通过了"鼓足干劲、力争上游、多快好省地建设社会主义"的总路线。会后，钢铁工业拟定"大跃进"的目标，酝酿当年钢产量要比上年翻一番。各协作区的农业会议，也纷纷提出农业"大跃进"的目标。在不断升温的不切实际的高指标压力下，农业战线首先出现了浮夸虚假的不良风气，报刊上不断宣传"高产卫星"。如小麦亩产达到7 320斤，早稻亩产达到3 900多斤等①，还批判了"农业增长有限论"、"秋后算总账派"等观点，《人民日报》公开宣传"人有多大胆、地有多大产"的口号，使得许多唯意志论的口号流行起来。

1958 年以后对普及和提高科学文化知识的内容又有了新的提法，这就是"工农群众知识化、知识分子劳动化"。到了 1960 年，"文化革命"的内涵再次发生变化。文化建设突出强调"多快好省"和"走群众路线"。文艺界发出"作家们！跃进，大跃进！"的号召，要求文艺工作者"多写、快写、写得好、写得生动精练、量中求质"。要求文化建设要走群众路线、文艺工作者要下乡、下厂、下部队，深入工农兵，了解他们的生活，创作他们喜欢的、需要的文艺作品，研究和解决他们在实践中提出的问题。这当然是正确的。但是，由此出发，又把人民群众的文化创造力、对文化的需要及对精神产品的评判推到至高无上的地位，要求专业文化工作者长期同群众生活在一起，同吃、同住、同劳动，群众需要什么就研究什么、创作什么，甚至提出"群众出生活、领导出思想、作家出技巧"的文化创作公式，提出与农民一起搞研究、编写教科书、共同写历史，这是对群众路线的绝对化和简单化的理解，演变成了一场"文化大

---

① 中华魂网. 当代中国乡村建设［EB/OL］. http：//www. 1921. org. cn/CN.

跃进”。

关于群众文化工作和文化普及问题，这是“大跃进”期间文化政策中的一项突出内容，也是实现文化“大跃进”的一项重要指标。群众文化工作和文化普及包括大规模的扫盲运动、新民歌运动、革命回忆录与“三史”（公社史、工厂史、部队史）的写作、工农兵学哲学运动等。不可否认，“大跃进”期间的群众文化工作是取得了一定成绩的，许多农村青壮年摘掉了文盲的帽子，普通群众的文化学习甚至理论学习兴趣与信心空前提高，群众业余文化生活空前活跃，并产生了一批优秀的民歌、革命回忆录等群众文化作品。但是，也要看到受当时大气候的影响，群众文化工作也存在着较为严重的“左”的倾向。这突出表现在，在群众文化产品中，对“大跃进”、“人民公社运动”及其他“左”的思想和实践的颂扬占有很大的比重，有些甚至构成了其主要内容；脱离实际以及对群众文化创造能力的过高要求，导致了形式主义、浮夸风的盛行。例如，提出“全党办文艺、全民办文艺，建设‘诗歌乡’、‘诗歌村’、‘每县出一个郭沫若’”；三五年内或者一两年内甚至几个月内消灭文盲，普及中等教育、大学教育，等等。这种盲目追求数量、一哄而起，忽视质量、忽视量力而行的原则的做法，导致许多作品粗制滥造，许多设施徒具形式，缺乏生命力，难于巩固和深入。

1958 年 9 月 19 日，中共中央发布的《关于教育工作的指示》提出：“全国在三年到五年时间内，基本上完成扫除文盲、普及小学教育，农业合作社社社有中学和使学龄前儿童多数能入托儿所和幼儿园的任务。”“争取在 15 年左右的时间，基本上做到使全国的青年和成年，凡是有条件和自愿的，都可以受到高等教育。我们将以 15 年左右的时间来普及高等教育，然后再以 15 年左右的时间来从事提高工作。”从 1959 年下半年到 1960 年上半年，在“反右倾，鼓干劲”的口号下，全国数次出现大办教育的高潮。据统计，高等学校增加到1 289所，中等专业学校增加到6 225所，普通中学增加到21 805所，各级各类业余学生人数达到了9 600余万人。[①] 对于教育的发展，中央在宏观上没有加以控制，使得教育的发展陷入混乱状态。这个时期的农村文化也处于一种为非正常的状态中。

三、“文化大革命”时期：知识无用论

“文化大革命”中，指导思想上极“左”思想的存在与发展对这一时期的农村文化产生了很大的负面影响，其中影响最大的莫过于“知识无用论”的泛滥。其实，这时的中央和领导人的讲话中，没有直接出现过“知识无用”的提法。但不容怀疑的是“文化大革命”中的“破四旧”，对知识分子的批判和所谓“教育革命”的开展，使得党的文化政策和知识分子政策发生扭曲，正常的教育秩序被打乱，教育思想、文化思想被歪曲，人们的思想被混乱，自觉不自觉地产生了一种抵制文化知识的思想，导致“知识无用论”和“读书无用论”的泛滥。

1965 年 11 月 10 日，上海《文汇报》发表署名姚文元的文章《评新编历史剧〈海瑞罢官〉》。这篇文章一经发表就在国内文化界以至中央领导层产生不同的反响，成为发动“文化大革命”的一个“信号”。1966 年 6 月 1 日，《人民日报》发表经毛泽东修改过的社论《横扫一切牛鬼蛇神》，首次正式提出“破四旧”的口号，称：“无产阶级文化革命，是要彻底破除几千年来一切剥削阶级所造成的毒害人民的旧思想、旧文化、旧风俗、旧习惯，在广大人民群众中，创造和形成崭新的无产阶级的新思想、新文化、新风俗、新习

---

① 毛礼锐，沈灌群. 中国教育通史第 6 卷［M］. 济南：山东教育出版社，1989：149.

惯。”在“破四旧”中，红卫兵的大多数人凭借“革命热情”，采取了无政府主义举动，在许多城市发生对“地富反坏右”、“知识分子”、“走资派”和“反动学术权威”进行抄家、批斗、殴打、遣散回乡等行为，甚至有一些人被殴打致死。

1968年12月毛泽东发出知识青年上山下乡的号召以后，成千上万的知识青年离开城市到了农村、到了边疆，一去就是几年甚至几十年时间。在农村，知识青年基本上无法进行正规的文化学习。学生升学就业渠道的改变造成社会上对学习文化知识的鄙视。“读书无用论”、“知识无用论”在许多学生和家长中达成共识，认为“反正下乡种庄稼，何必刻苦学文化”，“学好数理化，还得拿钉耙”。大批风华正茂的青少年学生荒废了学业，不仅对他们本人是一大损失，对国家则是更大的损失。1970年后高校采取在工人、农民、解放军战士以及上山下乡知识青年中，通过自愿报名、群众推荐、领导批准、学校审核的新办法录取新生，即开始招收工农兵学员。由于破坏了教育规律，工农兵学员质量参差不齐，教学效果不可能很好。“文化大革命”中，对知识分子政策的极端化和“教育革命”的开展，使得中国农村的文化在曲折中发展。

四、改革开放时期：扬弃传统文化，构建社会主义新农村文化

在改革开放的新时期，作为中国传统文化的一部分，农村传统文化的丰富思想充满无穷魅力，它对我们当前的社会主义新农村建设，有着重要的意义。从本质上说，中国农村传统文化强调和平共处、和谐共进，将个人责任与国家荣誉、社会发展统一起来，对于构建稳定的社会关系，进而推动国家繁荣昌盛，谋求民族的崛起将起到重要的作用。而社会主义新农村建设是党在新形势下针对中国未来发展的趋势提出的正确方针，目的也在于要使国家富强、人民富裕，所以二者本质上是相通的。从《诗经》中的“小康社会”到

《礼运·大同篇》中的“大同社会”，都能在中国传统文化中找到源头。“小康”、“大同”的社会是与“生产发展、生活富裕、乡风文明、村容整洁、管理民主”相契合的。因此，扬弃中国农村传统文化对于推动新农村建设工作，具有重大的现实意义。

农业文化的发展是由政策、制度、价值观、习俗等文化素质构成的文化结构所决定的。中国是农业古国和农业大国，最深厚最古老的文化在农村，文化建设的根底也在农村。实践证明，通过农村传统文化资源的挖掘与创新，不断赋予农村传统文化以时代特征和崭新面貌，就能够促其自我发展、自我完善、自我超越，实现农村文化时代性与民族性的统一。

（一）借鉴中庸思想，构建和谐农村文化

《中庸》是儒家阐述“中庸思想”，并提出人性修养的教育理论著作。所谓“中庸”，就是要以人的内在要求（人性、本心）为出发点和根本价值依据，在外部环境（包括自然的和社会的环境）中寻求“中道”，也就是使内在要求在现有的外在环境与条件下，得到最适宜的、最恰当的、无过与不及的表达与实现。这也就是《中庸》所谓“致中和”、“合内外之道”。如果人们能在一切事情上恰到好处地这样做，则“天地位焉，万物育焉”。中庸思想能够消除社会竞争带来的重压，使人际感情得到沟通，并对缓和城乡、工农、东西部地区间的矛盾起到作用，这有利于社会主义新农村建设。我们应当合理利用中庸思想，强调保持“动态中庸”的发展过程，追求稳步推进，建设“动态和谐”的农村文化。

（二）借鉴法治和德治，打造和谐农村文化

“不以规矩，不成方圆。”没有健全的法治就没有良好的秩序，没有良好的秩序就不会达到社会和谐，要把法治建设和德治建设有力地结合起来，在农村文化大院里推行农民“道德法庭”建设，对

村里出现的好人好事、文明新风等在“道德法庭”上大力宣扬，作为年终评选“双文明户”的依据。在很大程度上提高了村民的思想道德素质，使村民的文明意识越来越强，如今农村到处出现比致富、争先进、争创文明之家的和谐农村文化新风尚。在建设社会主义新农村的过程中，继续深入开展“保持共产党员先进性教育、科学发展观”活动，加强农村基层党组织的阵地建设；健全村党组织领导的充满活力的村民自治机制；在完善法治的同时，“道之以德，齐之以礼”，制定符合本村实际的村规民约，完善村务公开和村民民主议事制度，完善村民一事一议制度，健全农民自主筹资筹劳的机制和办法，打造和谐农村文化，建设乡风文明新农村。

在漫长的历史进程中，我国始终是农业大国。中国传统文化诞生于传统的农业社会，与农民休戚相关。在改革开放的今天，农村与城市不同，它与异域文明接触较少，思想意识和传统道德观念较为稳定，乡土观念较重，农民更为传统、质朴，受传统文化的影响也更深一些。所以在社会主义新农村建设中，弘扬中国传统农村文化具有更加现实的意义。

总之，传统文化是人类在改造客观物质世界的过程中积淀下来的宝贵财富。农村文化汲取了传统文化丰富的养分同时又促进着传统文化的不断创新和发展。农村文化是我国文化事业的重要组成部分，农村文化的发展是整个农村社会发展的基础，也是推动农村不断进步的精神动力。先进文化应当扎根于农村民族文化土壤，是对中国古代传统文化批判继承的科学成果，同时又丰富了新时期的和谐理念及和谐精神。中华文化之所以绵延五千年而不衰，就是因为自身有一种吐故纳新的能力，有一种求变图强的精神。我们一定要以改革创新的精神，积极探讨，锐意进取，抓好农村文化建设。

第四节　韩国新农村文化建设借鉴

在新农村文化建设方面，有一个国家的一场运动，曾为世人所公认。那就是始自20世纪70年代的以改革农业、改变农村、改造农民为三大核心，以增加收入、改善环境和精神教育并为三大法宝的韩国“新村运动”。

一、韩国新农村文化建设的特点

（一）全社会高度重视新村运动

新村运动，是由韩国政府主导组织实施新农村建设与发展的运动。韩国新村运动以村为单位实施各项政策，并推行竞争机制，真正让农民成为政府惠农政策的组织者、实施者和受益者，从根本上激发了农民建设家乡的热情，一开始就得到政府的高度重视。作为新村运动的启动者、组织者和主要出资者，韩国政府从中央到地方层层设立了新村建设管理协调机构，对全国的新村运动进行了有序的组织、管理、协调、指导，从而使整个新村运动有条不紊地推进。

（二）大力调动农民的积极性，吸引农民乃至全社会的积极参与

韩国在新农村文化建设中，不靠政府加大投入，而是靠调动村民自身的积极性和创造性，来改变农村落后面貌，这一点很值得我们深思和学习。可以说，韩国新村运动是一场以政府支持、农民自主进行项目开发为基本动力和纽带，带动农民自发进行的家乡建设活动。

在新村运动初始阶段，政府对项目建设只是有重点地进行科学

的引导和扶持，决不强制推行，即使对村民有好处的事也要先征求村民的意见，充分尊重农民、依靠农民，充分调动了广大农民群众的积极性、创造性，让农民尝到了甜头，“新村运动”由此逐步演变为自发的运动。20世纪70年代末，政府行政领导退出“新村运动”，全国各地以行政村为单位自发组成了开发委员会主导“新村运动”，吸收全体农民为会员，并成立了青年部、妇女部、乡保部、监察会和村庄基金。到20世纪80年代，“新村运动”逐渐完成了由民间主导加政府支持到完全由民间主导的过渡。在整个新村运动中，农民始终是主角，政府只是大力倡导、引导、支持新村运动，但并不包办一切。因此，新村运动获得了农民的广泛支持，1970—1980年，参加人数累计达11亿人次（1970年韩国总人口才3 200万）。另一方面，形成了全社会积极参与的氛围。由于强有力的行政推动和全社会的高度关注，韩国“新村运动”吸引了大批公务员、大学教授、新闻工作者、教会牧师等社会优秀分子参与其中，他们都是不领薪水的“义工”和志愿服务者，有力带动了农民生产生活条件的持续改善和道德水准的不断提高。

（三）大力投资乡村公共文化设施建设，丰富农民精神文化生活

韩国政府修建了村民会馆、敬老院、读书室、运动场、娱乐场、青少年活动中心等农村文化设施，推动乡村文化的建设与发展。通过举办文艺活动、各类培训，激发村民的勤勉、自助、协同、奉献精神。以村民会馆为例，韩国从开展新村运动后，政府就从各方面筹集资金帮每个村社兴建了村民会馆。村民会在馆里召开会议，与各类合作社和学术、农科机构合办讨论会、培训班，内容涉及农业、畜牧、能源、母婴健康、草药医治等方面。会馆还自办刊物，鼓励村民写作投稿，组织村民辩论和研讨。同时还组织征文比赛、话剧

创作表演、体育竞技等活动，使学员增进友谊、合作、自律、勤勉、自助精神，珍惜学院的一草一木，勤俭节约，尊重别人人格和劳动，言行文明，清洁卫生，秩序井然。乡村公共文化设施的普及，尤其是合理使用较好地丰富了农民的精神生活。

（四）大力开展“一社一村”农村文化运动，缩小城乡文化差距

“一社一村运动”是韩国大力支援农村的一项新举措。所谓“一社一村”，就是一家企业公司自愿与一个村庄建立“姊妹关系”，对其进行“一帮一”的支援。“一帮一”的支援包括经济方面的支援和文化方面的支援。活动中，不少企业向农村提供图书，在农村组织文艺演出，丰富了农民的文化生活，缩小了城乡文化差距。当时的韩国总统卢武铉明确指出，“农村和城市不是两家而是一家。农村发展是国土均衡发展的主轴”。城乡合作空前活跃，城市文化带动农村文化使城乡文化融为一体。

（五）大力开展国民精神教育，改变农民观念

韩国在乡村文化建设中，大力开展国民精神教育，用优秀的文化和道德观去感召农民，用中国儒家道德礼数来规范农村的社会秩序，倡导“勤勉、自助、合作”，调动他们的积极性，这样的教育在韩国新乡村建设中起到了很重要的推动作用。“新村运动”不但极大改善了韩国农民的生产生活条件，它最深刻的意义是改变了农民的观念。农民的思想伦理从宿命的“贫穷是我们的命运，我们做不到”等守旧悲观观念转变到“我们能做”、“干，就能成功”、“我们要靠勤劳致富”，大大增加了韩国农民的信心，树立起了自信与合作的良好精神道德风貌。新村运动通过挖掘民众潜在的“美”和“善”，弘扬民族的传统美德，使得“勤劳、自助、合作”的精神转化成了农民良好的生活伦理精神，提高了人们合作与和谐共处

的意识，缓解了民众的不良情绪，弥补了政府工作的疏漏和社会发展的盲区，缓和了社会矛盾，弥补了韩国当时科学技术水平较低的不足，提高了整体人力资本质量，推动了社会的文明、进步与社会和谐发展。韩国人把新村运动精神概括为“团结、合作、互助”，这种精神扩展到城市，变成韩国的民族精神，叫做民族自立、事业报国，对韩国的现代化起到精神支柱作用。

（六）大力开展新村教育，提高农民素质

韩国政府非常重视新型农民的素质教育，培训都由政府投入。1972 年，成立新村运动培训机构，加强对新村运动的教育与指导。1972 年成立中央研修院对社会各阶层的核心骨干人员和中坚农民进行培训，举办了骨干农民培训班、新村指导员班、农协管理干部班、妇女指导员班、农村教育骨干人员班等共 24 种培训班，通过集体住宿、集中讨论、生活教育等 3 个环节达到教育的目的。培训的主要内容有地区开发、意识革新、经营革新、青少年教育等 7 个方面。到 1995 年，各层次的新村教育共培训 34.2 万多人次。通过新村教育，中央研修院培养了一大批献身于国家经济发展的骨干。开办新村培训学院。这些新村运动的领袖根植于本村落，对新村运动的开展具有很大的影响力，对其培训起到了以点带面的作用。新村教育成为新时期韩国公民社会必不可少的文明生活，成为国民的精神家园和创业的动力源泉。①

二、韩国新农村文化建设的经验

新农村的文化建设可发借鉴韩国的经验。韩国农村与我国的农村有许多相似之处，比如它们都注重乡村文化活动中心的建设，注重提高农民的思想觉悟等，这些经验与我国有某些相似之处，通过

---

① 江胜东．韩国新村运动考察报告［J］．重庆社会科学，2006（11）．

借鉴他们的经验，对我国的社会主义新农村文化建设有一定的启示。

（一）高度重视发挥农民的积极性

农民是农村文化建设的主体，他们既是农村文化的创造者，又是农村文化的受益者，农村文化的感召力、生命力最终取决于农民的认同感和参与度。农村文化建设的实质和精髓是农民自发参与新农村建设的动力。如韩国的新村运动，政府在初期于人财物等各方面都积极支持，大力倡导、扶持、示范、带动，但在几年后逐步淡出，由科技、文化、教育和民间部门及农民主动推进。在这一过程中要始终突出和激发农民的自发、自助、协同的主体意识和创造性、积极性和主观能动性，避免成为“农业热闹、农村萧条、农民消沉”的形式主义花架子。在社会主义新农村文化建设中我们也应充分尊重农民的意愿，注重激发农民的自信心、创造性。如果过分强调政府的主导地位，沿袭过去那种行政推动的强制式、命令式工作作风，势必抑制农民的主动性和积极性，得不到广大农民的支持，新农村文化建设也不可能取得成功。

（二）高度重视挖掘农村自身文化活力

发现和培养农村文化人才队伍，是促进农村文化同农村经济社会在发展中共进的一条重要途径。要着力发现和培养农民文化骨干，充分发挥民间艺人、文化能人、文化经纪人在活跃农村文化生活、传承民间文化方面的积极作用，让这些人在发展农村文化方面成为领头雁，引导农民从文化的看客变成主角，实现“一人带一户，一户带一片，一片带一村，一村带一镇”的格局，从而激发农村自身文化活力，成为农村文化生活中极具特色的亮点。

（三）高度重视完善农村公共文化基础设施

农村文化设施的建设，是繁荣农村公共文化的前提。农村文化基础设施的建设要以政府为主导，以乡镇为依托，以村为重点，以农户为对象，主要负责组织各类农村公益性文化活动，其余的全部推向市场，进行商业化动作，从而形成政府主导的公益性文化活动和由企业、个人主办的商业性文化活动互为补充，共同发展的良性格局，逐步使农村居民与城市居民一样，公平地享有公共文化服务。农村文化基础设施的建设要注重以人为本。文化公共基础设施普及的目的本身就是为了便民、利民，从经费、管理、运行等各环节上贴近农民，为不同群体提供不同需要的服务。农村文化基础设施的建设要注重发挥实效。韩国的村民会馆真正实现了一馆多用，充分发挥了文化场所的综合性文化功能，而不是闲置沦为普通建筑物。

（四）高度重视对广大农民的精神培养

精神教育与增加收入、改善环境一起，成为韩国新村运动的三大法宝。[①] 我们要借鉴韩国的经验，高度重视对广大农民的精神培养。社会主义新农村文化的建设过程，绝不仅仅是填补人们闲暇时间的娱乐活动，更重要的是对农民进行再教育，寓教于文、寓教于乐，通过开展多种形式的文化活动来教育人、激励人、陶冶人，使广大群众在文化活动的参与中形成符合历史和社会进步潮流的人文精神追求，表现出更加美好的精神品质和精神风貌，从而提升农民的精神面貌，更新农民的文明观念和生活方式，培养和重塑中华民族的传统美德和民族精神。

---

① 陈昭玖，周波，唐卫东，苏昌平．韩国新村运动的实践及对我国新农村建设的启示［J］．农业经济问题，2006（2）．

第五节 社会主义新农村文化构建的启示

一、新农村文化建设必须重视创新农村文化建设的体制和机制

从体制上讲，要从能发挥农村文化事业的积极性上来多加考虑，县乡两级一定要将文化单位区分为公益性事业单位和经营性企业单位两类，公益性事业单位以政府投资为主，经营性企业单位以市场运作为主。公益性事业单位，要加大劳动人事制度、分配制度和社会保障制度改革的力度，真正做到竞争上岗、全员聘用，干部能上能下，人员能进能出，收入能高能低，切实增强事业的内部活力。企业单位要进行公司制改造，建立现代企业制度，通过企业转型，培育一批自主经营、自负盈亏、自我发展、自我约束的国有和国家控股的文化企业。同时，要大力发展民营文化企业。切实做到两手抓、两手硬。尤其是乡镇文化站的体制，要十分明确。乡镇文化站，是农村文化建设的前沿阵地，是农村文化建设的主要载体，是满足农民精神文化需求的主要桥梁和纽带，公益性十分鲜明，因此，文化站作为第一线公益性事业单位的性质，在乡镇配套改革中不能改变。对文化站作用的发挥，关键是要创新机制，调整职能，明确责任。如我们在农村调查中了解到，当前农民活动有“五性”，即：季节性（农忙农闲）、留守性（在家妇女、儿童、老人多）、聚集性（上集市买卖产品）、互动性（家中办大事、互相来往）、团圆性（春节必须回家过年）等；为农民文化服务的形式也有五种，即广播电视、电影、歌舞戏剧、图书和民间艺术等。存在的问题是：农民活动时不知找谁联系。那么，文化站作为一种公益性文化服务单

位，就应该有这种服务职能，就要承担这种联系的责任。农村文化的落后与农村文化管理体制不科学是分不开的。可以按照“区别对待、分类指导、循序渐进、逐步推开”的原则，在试点基础上全面推开文化体制改革。比如：我们可以将乡镇文化站脱钩转制成为自收自支、企业化经营的经济实体。

二、新农村文化建设必须重视培育本土特色引领农村文化

建设特色文化村，就是用特色文化塑造村庄形象。各级文化主管部门要结合农业生产和农民生活实际，以广场文化为龙头，以兴趣爱好为宗旨，以特色团队为抓手，充分利用农闲和重要节庆，组织开展群众性强、内容健康的文化体育活动，激发和培养农民的文化创造力，保持农村文化的活力；围绕传承与发展，注重有地方特色的舞蹈、音乐、服饰文化、饮食文化等的挖掘、保护、传承和发展，大力组织开展地方戏曲等中小型文艺演出，大力推进有一定生命力的地方文化的培育，进一步提升它的影响力，努力拓展其生存空间。立足本地文化底蕴深厚、传统文化资源丰富的实际，探索以农村自身具有某种特色文化为切入点，大力开展创建“特色文化村”活动，以区域特色文化为主流渠道，积极推动先进文化进村入户。

三、新农村文化建设必须重视挖掘农村艺术、启迪农村文化

在中国特色社会主义新农村文化建设的理论上和实践上，都强调应注意中国传统文化，以及中国的国情和特色。在中国广大极少受到外来文化和“速食”文化影响的农村，保留了很多原汁原味的民俗文化，这些具有浓厚乡土气息和民族特色的文化遗产，在我国文化宝库中有着举足轻重的地位。农村艺术教育提升了地域文化品位，培养了一批批专业人才，使农村文化更具有地域性、民族性、世界性。《梁山伯与祝英台》这则民间故事，先后改编成电视、越剧、小提琴协奏曲等，成为家喻户晓的文化精品。艺术教育本身的发展也不断推动地域文化的提升。如一些山区盛产毛竹，以前人们用竹制一些生活用品谋生，竹篮、竹椅、扫把等。随着职业教育的不断发展，其内涵也不断丰富，如竹雕、竹编、竹画……变生活用品为工艺品，漂洋过海，原用来养家糊口现成为出口创汇，其本身也在发展过程形成颇具特色的“竹文化”。农村艺术教育宣传了地域文化。农村艺术教育通过艺术这个载体宣传地域文化。如：《黄土高坡》、《喜马拉雅》，《桂林山水》、《船过三峡》、《孔乙己》、《天仙配》、《兰亭序》、《 江山如此多娇》……正是这些“劳动艺术品”充分说明文化产业在农村可以开创广阔天地，劳动者的智慧能创造无限美。

四、新农村文化建设必须重视普及农村教育、创新农村文化

培养农民的文化创新，必须普及农村的教育，由于中国长期“权力依附”观念的维系，使广大农民缺乏主体性意识、丧失自我、压制个性，从而扼杀了农民的开拓创新精神。然而，在当今社会，我们的农村普及了九年义务制教育，农村文化创新是历史发展的必然，它能为整个社会革新提供精神支撑。我国在进行新农村建设过程中必然要进行文化创新，农村文化也不是铁板一块，而要在保留传统文化特色基础上不断吸收新的、先进的文化，实现文化的传承和超越，只有这样，才能保持活力，才能绵延至今。今天的农村正处于一个“从旧向新”变迁的时代，因此需要文化教育的创新。农民是农村文化建设的主体，也是农村文化的创新者。1938 年 4 月，毛泽东在鲁迅艺术学院的讲话中用生动的语言指出：“夏天的晚上，农夫们乘凉，坐在长凳子上，手执大芭蕉扇，讲起故事来，他们也懂得胡适先生的八不主义，他们不用任何典故，讲的内容都是那么丰富，言辞又很美丽。这些农民不但是好的散文家，而且是诗人。”

这就是农民对农村文化的创新，要进一步提高农民的创新精神，就必须完善农村教育体系，加大农村教育资金投入，统筹安排基础教育、职业教育和成人教育。适当改革农村中小学教育内容，重视农村文化的本土知识教育，使之贴近当地实际，重视与农业生产和乡村文化相适应的职业教育，使学生有一技之长，成为农村文化的传承人，通过培育和了解本土文化，才能对文化传授和推广农业技术，发展农村经济，改变农村文化和整个社会的风气做出贡献。

当前中国农村文化建设现状分析

在推进社会主义新农村建设的过程中，大力加强农村新文化建设，既是新农村建设取得进展的重要标志，也是把新农村建设不断推向前进的基本保证。制定正确的新农村文化发展战略、推动我国新农村文化建设更好发展，必须正确分析并准确把握我国当前农村文化建设的基本现状。

第一节　当前中国农村文化建设的基本概况

改革开放以来，我国的新农村文化建设取得了重大成就、获得了长足发展。同时，也遇到了无法回避的严峻挑战。

一、当前中国的农村文化建设取得了长足发展

近年来，在党中央、国务院和地方各级党委、政府的正确领导下，在文化部门的精心指导和全社会的共同努力下，全国农村文化建设取得了长足的发展。

（一）对农村文化建设越来越重视，认识逐步提高

各级党委、政府越来越注重把文化建设作为发展农村经济、构

建和谐新农村的重中之重，把农村文化建设纳入重要议事日程，纳入经济和社会发展规划，同经济和社会建设一起部署，一起落实。全国大多数农村文化站设施齐备，功能齐全，经常开展各种健康有益的文化活动。一些农村建设了中心文化广场，并成为广大农民娱乐、健身的好去处。云南省马龙县纳章镇在新农村建设中，“大力兴建集村民文化活动中心、休闲娱乐广场、村办公场所等为一体的农村文化活动广场，使之成为加强农村精神文明建设的主阵地，既丰富了农民群众精神文化生活，又有效促进了农村精神文明建设向纵深发展。”① “浙江省临海市 2008 年投入专项经费 500 万元，在 200 个经济薄弱村创建 200 家基层文化活动中心，在 19 个人口相对密集村建设综合文化广场，在丰富村民精神文化生活的同时，提高了村民的文化素质和思想道德素质，收到了良好的社会效果。”②

（二）农村文化活动越来越丰富，载体亮点纷呈

如不少地方利用节假日或农闲时间，定期或不定期地举办“农民艺术节”、“农民书画大赛”、“民间曲艺大赛”、广场文化活动等，深受农民群众的欢迎。浙江省余姚市先后创设了“城乡文化大联动”、“先进文化直通车”和“百场戏剧千场电影进农村”等活动；湖南省桂东县举办红歌会、桂花节等活动。这些活动“贴近实际、贴近群众、贴近生活”，把精神文化食粮送到农村千家万户。

（三）农村文化建设氛围越来越浓厚，热情逐步高涨

随着物质生活水平的提高，农民群众求知、求乐、求美的愿望更加强烈。如河南省项城市孙店镇祁桥村组织了自己的老年秧歌队，

① 胡栋．云南省马龙县着力建设农村文化广场［EB/OL］．http：//www. wenming. cn，2008－03－10.

② 陈煜．临海市投入 500 万元在经济薄弱村建设文化活动中心和文化广场［EB/OL］．http：//www. 1hzx，gov. cn，2008－09－04.

村里有什么喜事，秧歌队马上就组织节目，义务演出，有打鼓的，有吹号的，有划旱船的，非常热闹。湖南省桂东县农民也组织了自己的艺术团，在县文化部门的支持指导下形成了自己独具风格的节目体系，经常到全县及周边县、市的乡镇农村巡回演出，他们推出的桂东特色歌曲《桂东飞出一支歌》、《八面山美、玲珑茶香》、《桂东有棵伟人树》、《我赞美你桂东》等深受农民喜爱，并广为传唱。

（四）对农村文化建设支持越来越务实，成效逐步显现

有关职能部门为繁荣农村文化生活做了大量扎实有效的工作。政府大力推动农村文化建设，中央公共财政不断加大对农村公益性文化事业建设资金的投入力度，切实保障公益性文化事业建设资金落实到位。从中央到地方逐步推进了集文化、广电、计生、科技、体育、教育和青少年活动、老年活动、文化信息资源共享中心、党员远程教育等于一体的综合文化站和县、乡、村三级公共文化服务网络建设。文化扶贫和文化、科技、卫生下乡活动，取得了很好的效果，受到广大农民的普遍欢迎。一些文艺团体经常送戏、送节目下乡，着力解决农民看戏难问题。一些文化馆、图书馆、电影公司等单位和组织深入到农村去，为农民送书、送电影、送文化科技知识。各地文化部门联合教育、科技、卫生和共青团、妇联、新华书店等部门和组织，在农村开展综合性的文化活动，紧密结合农民脱贫致富的要求，倡导他们读书用书、学文化、学技能，普及先进实用的农业科技知识和卫生保健常识。在一些地方，党委和政府通过引导、扶持和组织区域性民族民间文化活动，对农民进行爱国主义教育、集体主义教育、社会主义荣辱观教育、文明新风教育，倡导健康文明的生活方式和社会风尚。

这些积极有效的文化建设措施，使广大农民群众对全面建设小康社会充满了信心，使农民群众的精神面貌和思想观念发生了可喜

的变化，使农民群众的文化素质有了新的提高，使农民群众的精神文化生活质量得到了明显改善，农村文化建设呈现出喜人的新局面。

二、当前中国新农村文化建设面临的严峻挑战

就整体而言，当前我国农村文化建设还相对滞后，与农民群众的精神文化需求还不相适应，农村文化建设面临着一系列无法回避的严峻挑战。

（一）全球化的挑战

在全球化巨大张力的推动下，产生了一种要求所有民族的和区域的文化朝着一定方向发展的适应压力，从而促使文化的全球化正在冲破国家的、民族的文化壁垒，由暗流涌动变成高歌猛进。我国是一个经济文化落后的发展中国家，我们的文化仍然处于弱势地位，西方文化的冲击给我们造成了巨大压力。首先是对我们的主导意识形态的冲击。20 世纪 80 年代以后的苏东剧变使社会主义运动走入低潮，我国的社会主义建设也遇到过巨大挫折，西方一些敌对势力借机加大了对我国进行文化价值渗透的步伐。其次是对我国大众文化的冲击。我国实行改革开放以来，西方尤其是美国的大众文化长驱直入，美国的快餐、美国的节日、美国的服装、美国的电影电视、美国的动画等，充斥着我国的城乡文化阵地。再次是对我国文化产业的冲击。西方的大众文化产品以前所未有的速度和规模输入我国，铺天盖地的西方大众文化产品挤压着我国民族文化产业的生存空间。如何处理好发展农村经济和保持社会主义本质不变；如何既吸取人类文化的优秀成果又抵制腐朽文化的侵蚀；如何既坚持马克思主义的指导地位又推动文化的对外开放等，是全球化过程中社会主义中国始终面临和必须解决的现实课题。

（二）“西化”和“分化”的挑战

随着苏联解体、东欧剧变和国际上两极格局的终结，日益强大

的社会主义中国成为西方敌对势力称霸的障碍。以美国为首的西方资产阶级加快了“西化”、“分化”的步伐。如何抗击西方“西化”、“分化”的强大攻势，将是对中国共产党人长期的考验，也是对我国新农村文化建设的重大考验。随着苏联、东欧的剧变解体，国际敌对势力纷纷把矛头指向我国，他们不希望看到一个日益强大的社会主义中国在地球上崛起，为了达到对社会主义“不战而胜”的目的，他们加紧对我国实施“西化”、“分化”战略，其直接目的是企图通过思想文化的渗透，消融人们的理想信念，使中国人民认同他们的资产阶级意识形态。对此，我们应当保持高度的政治警觉。对于西方文化，我们必须运用马克思主义的立场、观点和方法进行具体分析，既要大胆吸收其中所包含的人类创造的优秀精神文化成果，又要坚决剔除资产阶级的狭隘偏见，切不可盲目推崇、全盘肯定。与此相联系，对待我国的传统文化也不能一概贬低、全盘否定。前几年，在我国曾出现过一股资产阶级自由化思潮，一些人动摇了理想信念，看不到我国社会主义文化与西方资本主义文化在思想体系上的根本区别，盲目追随西方文化，任意贬低、否定中国文化。我们在西方敌对势力“西化”、“分化”的攻势面前如果不能保持清醒的头脑，站稳政治立场，就将有可能会因迷失方向而充当西方敌对势力的俘虏。

（三）网络扩展延伸的挑战

网络具有的全球性、虚拟性、互动性、自由性、快捷性和开放性，使信息传播正在经历深刻革命。信息高速公路的建设和全球性互联网络的开通，足以冲决任何文化壁垒，使得任何文化封闭和阻隔都成为不可能。这就使得我们对意识形态的控制和导向难度加大。党和国家如何通过法律和政策以及伦理、技术等手段制定有效的防范措施应对挑战，掌握网络信息时代文化发展的主动权已刻不容缓。

因特网从1982年正式诞生到现在，不过二十多年的时间，但其发展势头之猛，令世人感到惊奇。它标志着网络社会正向我们大步走来，人类正在进入一个网络文明的新时代。网络聚合了现代性的诸多特点，人们通过互联网可以享受现代性成果的快速、便捷和舒适。互联网，人们也常把它称作“第四媒体”，已对农村传统媒体、传统的传播方式产生了强烈冲击。网络为农村文化建设和精神文化生活创造了新的载体，但网络文化主体的自由性、网络文化内容的动态性、网络文化体系的开放性，决定了网络文化多元、多样、多变的特征，同时带来了不少负面的效应。例如网络泛娱乐化倾向背离文化的真正价值，其典型代表就是低俗娱乐新闻在网络上的泛滥。网络文化的快速发展对农村传统文化管理模式提出了挑战，但网络制度文化建设长期缺位，使得部分地方仍简单移植传统的文化管理模式。由于国家网络文化立法滞后，地方网络文化管理规定总体上缺乏相应的法律规范支持，很多领域处于一种无法可依、无法可管的状态。同时，地方普遍存在大量使用行政管理手段管理网络文化，法制管理手段欠缺的现象。如何将行政手段与法制手段有机结合，以法制手段促进网络文化建设和管理的健康发展，使其在新农村文化建设中发挥应有的积极作用，成为当前农村文化建设管理中的重要课题。

（四）社会转型的挑战

由于改革开放和社会转型，使农村社会经济成分、组织形式、就业方式、利益关系和分配方式等日益多样化，人们的思想变化呈现出独立性、选择性、多变性、差异性的特征：各种思想文化相互激荡，致使人们认识问题的起点、角度和标准多种多样，甚至大相径庭；城乡体制改革带来的社会阶层增多，在许多问题上，不同的阶层有不同的认识，即使处于同一阶层，因为角色不同，思想认识也参差不齐；改革开放的实践使人们的思想始终处在变动过程中，呈现出易变、多变、快变的特点；思想变化的趋向复杂，不确定性明显增加。社会主义意识形态如何与国家法律法规、行政管理、社会物质利益原则保持一致，对社会的变化、人们的心态和认识进行科学合理的整合；如何发挥社会主义意识形态功能，调动一切积极因素，保证农村经济社会健康发展；如何进一步巩固农民群众的社会主义信仰，巩固农村以马克思主义为指导的意识形态地位，等等，是社会主义初级阶段我们党在农村思想文化领域中面临的严峻挑战。道德的滑坡成为当前农村文化领域一个令人担忧的问题。首先，道德观念浑然无序，传统道德观被打破，新的道德观又没有形成。其次，道德评价失范，出现双重的甚至多元的标准，这必然导致道德选择的迷惘和价值取向的紊乱，使人无所适从。再次，各种非道德主义泛滥。当前农村中普遍存在见利忘义、以权谋私、损人利己、为富不仁、坑蒙拐骗等现象。更值得警醒的是农民群众对这些现象习以为常，麻木不仁，甚至效法模仿。另外，形形色色的反文化现象有滋长蔓延之势，如伪科学、封建迷信、殖民文化、黄色文化、讽刺党和政府及其领导人的政治笑话等。农村有的地方修坟建庙，有的地方求神问卦，有的地方闹巫婆神汉，无所不有。这些现象使我们认识到，如果让这些伪科学、反文化继续发展下去，党的旗帜下、政府的身边将没有群众了。

综上所述，当代中国的农村精神文化现状正警醒我们不能再高枕无忧。为人民群众提供丰富多彩的文化享受，重铸中华民族坚不可摧的精神脊梁，抵御西方的文化渗透，建设中华民族共有的精神家园，迫切要求我们一方面要加大政府投入，调整资源配置，健全公共文化服务体系，实现和保障农民群众的基本文化权益。另一方面要加强政策调控，积极发展文化产业，充分调动社会各方面参与农村文化建设，提供更多更好的文化产品和服务，努力构建社会主义新农村文化。

第二节 当代中国农村文化建设的基本特点

做好我国新时期的农村文化建设工作，必须认真研究分析和把握当代我国农村文化建设的基本特点和发展态势。当代中国农村文化建设具有以下几方面的显著特点。

一、当代中国农村文化建设在体制上呈现出三大新特点

（一）在投入体制上，当代中国农村文化建设呈现出中央大于地方、城市偏向、重建设轻运转、个人为主的特点

尽管中央财政投入的总额和比例逐年增长，但从总体上看，在“十五”期间国家财政对文化建设投入的年均增长率仍低于同期国家财政收入的年均增长率。从文化行业的局部看，由于基数小，财政拨款占国家财政总支出的比重呈逐年下降的趋势。从财政对文化投入的级别构成看，中央财政对文化投入的力度远远大于地方财政。国家在文化方面的投入存在较明显的“城市偏向”，农村文化的投入所占的比例较低。从 2001 年到 2005 年，国家对农村文化建设的投入所占国家文、体、广行业财政支出的比例一直徘徊在 20% 到 25% 之间。[①]

农村文化公共投入在配置上不尽合理，国家对农村文化的有限投入主要集中于农村文化基础设施建设，且大多数是一次性基建投

① 张祝平. 农村文化发展问题［J］. 探索，2008（2）.

入。中西部地区县以下几乎没有对文化人才的投入，也几乎没有文化设施正常运行的经费保障，绝大多数是只管“建设”，不管“运转”，存在较明显的“重投轻管”的现象。

与公共文化设施严重老化衰败相对照的是电视机、影碟机等现代文化设备快速普及到农村家庭。从投入主体上来看，随着科技的发展、大众文化时代的到来，当代中国农村文化设施的投入开始进入一个以个人（家庭）为主的新时期。

（二）在组织体制上，当代中国农村文化建设呈现出部门分割、重复建设、资源浪费的特点

农村文化建设责任分属多个行政主体（部门）。在县一级，县广播电视局负责电视和广播，县文化局负责群众文化，县体育局负责群众体育活动，县委宣传部负责群众文化宣传工作。在乡一级，有党委组织的文化活动，有国民教育机构组织的文化活动。这些活动内容重复率高，组织形式单一，政出多门，领导网络不健全，权责不明，分类不明确，谁都组织管理农村文化，但谁也不负全责，谁也没有同其他部门协同起来做统一的规划与投入，导致原本有限的农村文化资源严重浪费，没能有效整合起来，充分发挥其应有的效用。

（三）在评价体制上，当代中国农村文化建设呈现出重形式轻效果、重评估轻监控的特点

绩效评价对于农村文化建设是一项不可或缺的工作，它对农村文化建设起着监督管理和激励约束的作用。目前，我国新农村文化建设评估机制尚不够健全，评价标准仍存在着形式主义倾向，现有的评价标准大多还仅仅就是多少平方米的建筑面积、多少本藏书、多少盘光碟、多少台电视机、有无正式的规章制度等，很少涉及诸如政府的重视程度、文化设施能在多大程度上满足人民群众的文化

生活需求、文化设施的使用率等指标，更不用说人才队伍建设等方面。而且，当前的评估一般都是一次性评估，缺乏一个事后的反馈监控机制，一些已建成的农村文化设施没有真正发挥应有的实际效用。

二、当代中国农村文化建设在结构上呈现出四大新特点

（一）在供求结构上，当前政府供给的文化活动与农民的文化活动实际需求之间存在明显的错位性

在农村文化设施建设方面，政府提供的文化设施排在前5位的分别是：有线电视或电视差转台、文化活动室或图书室、农民技术学校、有线广播、老年活动室。而农民对政府提供文化设施的需求排在前5位的分别是：文化活动站或服务中心、图书馆（室）、农民技术学校或培训班、体育场地和体育器材、青少年活动中心（馆）。由于政府供给的有线电视或电视差转台普及率已经比较高，农民对这一设施的需求也相应地降低，从而导致农民文化需求中对有线电视或电视差转台等设施的需求没有排进前5名，但这并不等于农民不需要“电视”。实际上，造成这一错位的原因，一是农村文化资源确实贫乏；二是农村存在一些文化产品供给过剩而另一些文化产品供给不足的结构性矛盾；三是现有的农村公共文化供给制度存在缺陷。

（二）在城乡结构上，当代中国农村文化建设呈现明显的边缘性和滞后性

与城市文化相比，农村文化处于边缘化的境地。自改革开放以来，农村以家庭消费文化为核心的“私性文化”有了长足发展，与城市公共文化设施不断改善相比，农村的公共文化设施却日益衰败，特别是一些健康、文明的公共文化形式更是走向衰微。在各级政府和文化部门的努力下，虽然农村文化基础设施和公共文化产品及其

文化服务有所改善，但在整体上仍滞后于农村经济发展步伐。农村仍然是城市盲目的追随者和模仿者，在追随和模仿的过程中迷失了自我，缺少农村自我内生的文化。从农民对文化活动的选择偏好中我们可以发现，农民对文化活动以及文化设施的偏好具有明显的模仿现代都市文化的痕迹。农民使用频率最高的是电视、广播、书、报纸、杂志等现代媒体，农村普及率较高的也是各种现代文化传播工具，但在文化内容的供给方面，农村仍然大大滞后于城市。当代中国的中心文化是现代都市文化，农村文化始终处于这一中心的边缘。

（三）在地缘结构上，当代中国农村文化建设呈现明显的相对封闭性

中国农村文化具有地域文化的丰富多样性，所谓“百里不同风，十里不同俗”。新中国成立后，随着农村宗族制度逐步消逝，亲缘、业缘对农村文化的影响力也在不断消退，而基于地缘之上的地域文化特点保存相对完整。当代中国农村文化体现在地缘结构上仍然具有明显的封闭性，即不同地域的农村文化差异很大，地域文化特色往往与当地的方言、风俗习惯、宗教信仰等紧密结合在一起而成为一种文化的系统结构，具有较强的稳定性。不同地域的农民很难轻易融入其他地区的文化体系中去。例如，各地方戏曲都具有相对稳定的观众群体。这种地域文化的差异在一定范围内造成了农村文化在地缘结构上的相对封闭性。

（四）在层次结构上，当代中国农村文化建设呈现明显的差异性

农民群体是一个庞大的群体，根据年龄、文化程度、居住区域、宗教信仰等标准又可分为不同的次级群体，形成不同的群体亚文化。群体亚文化既是层次分化的原因，又是层次分化的结果。因此，农

村文化体现在层次结构上具有一定的封闭性，不同层次、归属不同亚文化群体的农民具有相同或相近的文化消费取向，一般不会融入其他亚文化群体的文化交往圈子。不同文化程度的农民对文化设施的需求相似，但不同年龄的农民对于文化设施的需求则存在很大的差异，当前农村文化消费出现了分众化趋势，一种文化样式难以满足所有农村亚文化群体的文化需求，农村文化在层次结构上具有较明显的差异性。

三、当代中国农村文化建设在发展态势上呈现出五大新特点

（一）在文化主体上，当代中国呈现出农村文化主体空心化与新文化精英出现并存的态势

除东部发达地区之外，广大中西部地区大多是劳动力输出地。中西部农村外出打工人员一般要占全村总人口的25%～30%，西部个别地区可能达到40%。大量的农村中青年劳动力长期外出打工，使当地农村成为“空壳”，农村文化活动缺少主体力量。只留下留守农村的儿童、妇女和老人成为农村公共文化服务的主要对象，而对于农村发展具有主导作用的中青年却处在农村公共文化服务的范围之外。一方面农村文化中坚主体流向城市削弱了农村文化发展的后劲，造成了农村文化传统的断裂；另一方面，农村公共文化服务因为缺乏农村中坚力量的参与，客观上使其日益边缘化。

同时，在一些农村基层，一批文化程度较高、思想敏锐、锐意改革和进取的中青年农民已经成为农村文化事业的新主体。他们以农村文化市场为导向，组建各类农村民间职业剧团、农民业余文艺队或民间演出队等文化组织，采取适宜的文化活动形式，积极迎合本地及邻近地区农民的文化新需求，发展农村自办文化，成为农村文化中心户、农村文化专业户和农村新文化精英，成为新农村文化建设的一支新生力量。

（二）在文化内容上，当代中国呈现出民间非物质文化逐渐萎缩与现代都市文化逐渐渗透并存的态势

目前一些农村原有的文化价值体系和社区记忆正在逐步消失，特别是一些优秀的传统文化和民间艺术在农村现代化的历史进程中，生存空间日益萎缩，一些民间艺人也随着生活的压力等原因相继转换岗位，一些经典的农村文艺活动、文艺形式和文艺人才在人们的生活中渐行渐远。与此同时，原有社区公共文化空间的瓦解消减了农民文化参与的热情，原已发展起来的唢呐、秧歌、皮影、戏剧、舞龙、舞狮等农村文艺班社随着集体经济生活方式的转变或瓦解也逐渐解散，一些缺少创新的传统民间艺术也很难吸引年轻人参与。

集镇生活对现代都市生活的模仿和对周边农村的辐射，带来了城市文化向乡村文化渗透和乡村文化模仿现代都市文化的双重动力。同时，“民工潮”在城乡间的空前大流动，使广大农民有了更多了解城市、参与现代生产和文化生活方式的机会，电视、广播、书刊、报纸、杂志等现代大众媒体也逐渐占据了当代中国农村文化的主导地位，广大农民群众模仿城市人的文化消费方式，现代文化消费需求不断上升，农村文化开始出现了由传统向现代的转型趋势。

（三）在文化载体上，当代中国呈现出低技术服务产品逐渐没落与高科技文化载体逐渐流行并存的态势

当代中国农村文化是传统和现代的统一体。在当代农村存在着戏曲杂技、电影、电视和计算机互联网等多种文化类型。传统戏曲杂技以人的身体为介质，电影基于近代光学技术，电视基于现代电子技术，计算机互联网则是当代众多高新技术的集成，这些不同的文化类型构成了一个从低技术含量到高技术含量的等级阶梯。技术进步同样影响到农村文化消费方式的变化。随着当代农民自己拥有的现代文化设备越来越多，低技术文化服务产品愈来愈不能满足农

民日益增长的求知、求乐、求美等多层次、全方位的文化生活需要。戏曲传统开始在农村出现断裂，“有线广播”和老式胶片电影这些文化服务方式，无论是在农民心目中还是在乡镇干部眼中，都没有得到认同。社会经济愈发展，这种趋势愈明显。

我国西部地区由于相对封闭，现代经济生活对传统文化的影响比东部要小得多，传统文化艺术形式（主要是地方戏曲）保存相对完整，民间“自乐班”发展较好，电脑和互联网开始进入农民家庭，但普及率不高。东部发达地区高新科技的文化载体发展迅速，农民家庭已经进入到一个电脑和互联网服务迅速发展的新时期。

（四）在文化消费上，当代中国呈现出公益文化活动逐步退缩与农村文化产业开始起步并存的态势

20 世纪 80 年代以后，随着国家逐步降低对农村基层的介入程度，乡镇和村一级的经济实力弱化，除东部个别地方之外，中西部的绝大部分乡镇和村都不再有文化设施上的资金投入，乡镇文化站、村一级的老年活动室、文化大院、村组文化室大都处于“瘫痪半瘫痪”状态。县、乡文化机构组织的“文化下乡”、“电影进村”活动，有一定的效果，但这种“喂食”式的文化建设机制，往往是政府唱独角戏，难以有效激发农民群众心中积极主动参与的文化热情，也没有点燃农村的文化火种，几十年的建设和努力依然没有培养出农村文化的造血功能。与这种公共文化活动逐步退缩相对照，农村文化建设的产业化开始起步，农民自发集资改建文化阵地、资助政府办电视差转台、成立个体电影放映队、兴办舞厅、游戏厅与网吧等，这些以农民为主体的文化产业，在一些农村逐步成为满足农民群众文化生活的新生力量。

（五）在文化阵地上，当代中国呈现出政府文化阵地逐渐衰退与民间文化组织逐渐成长并存的态势

农村集体化时期，农村公共文化产品几乎都是由政府提供的，政府建立了县、乡、村和生产队系统的公共文化服务网络。改革开放以后，随着政府对农村管理方式的转型，农村公共文化服务网络逐渐消亡，没有了公共文化服务网络，县、乡政府很难开展大规模的公共文化服务活动。与此同时，民间文化活动开始兴起，农村自办文化发展迅速，民间组织的管理水平显著提高，社会对文化的投入不断增加，一些地方戏剧和曲艺团体活跃，民间文化精英开始出现。

第三节　当代新农村文化建设的基本经验及主要成果

近年来，随着改革开放和现代化建设的不断推进，随着新农村经济社会的快速发展，我国新农村文化建设围绕中心、着眼基层、面向群众、与时俱进，迈出了新步伐，取得了新进展，积累了新经验。

一、重视宣传教育，农民群众对全面建设小康社会充满信心

各地各部门把宣传党对农村的方针、政策作为农村文化建设的首要任务，调动各方力量，整合相关资源，采取多种有效措施，广泛开展农村政策宣传和形势教育。大力宣传“三个代表”重要思想的重大意义、科学发展观的深刻内涵、社会主义和谐社会的基本要求、社会主义新农村建设的目标任务；宣传党的十六大和十六届三中、四中、五中、六中全会和十七大及中央有关“三农”工作重大会议精神；宣传中央关于扶持粮食生产、直补种粮农民、减免农业

税、维护农民工权益等各项支农、惠农政策；宣传中央关于推进农业和农村经济结构调整、提高农业综合生产能力、加强农业基础设施建设、积极发展现代农业、推进新农村建设、加快农村富余劳动力转移等重大部署；宣传深化农村税费改革、粮食流通体制改革、农村金融改革、土地征用制度改革、林权制度改革等重大举措。中央和各地方新闻单位发挥各自优势，普遍开办有关“三农”栏目和节目，邀请领导干部、专家学者、农民群众谈形势、谈政策、谈体会。各地广泛开展“从家乡看发展、从身边看变化”等形式多样的主题教育活动，组织形势报告员下乡村、进农家，讲形势、送政策。在2005年全国城乡集中开展的形势、政策宣传教育中，各地针对农村实际，经常举办形势报告会等各种形式的宣传教育活动，受到农民群众的普遍欢迎。中宣部会同有关部门，先后总结推广了一批改革创新、服务“三农”的先进经验。中宣部还会同文化部、农业部、建设部、劳动和社会保障部、中华全国总工会、共青团中央等部门先后组织增收致富奔小康、优秀进城务工人员先进事迹报告团，在基层引起强烈反响，推出了周国知、吴仁宝、王乐义等一批农村重大先进典型。党的农村政策宣传教育，使广大农民群众能够了解政策，掌握政策，看到中央解决“三农”问题推进社会主义新农村建设的坚强决心，看到党和政府对农民群众切身利益的深切关怀，看到农村发展的美好前景，进一步增强了对党和政府的信任，坚定了加快改革发展和建设社会主义新农村的信心。

二、重视思想道德建设，农民群众精神面貌发生可喜变化

改革开放以来，随着农村生产力发展和物质生活水平不断提高，广大农民群众求知、求乐、求美的愿望更加强烈，追求科学、文明、健康生活方式的愿望更加强烈，追求良好人际关系和社会风气的愿望更加强烈。各地各部门把加强思想道德建设作为新农村文化建设的核心任务，坚持经常性宣传教育与集中性宣传教育相结合，运用歌曲、板报、公益广告等形式，深入宣传“爱国守法、明礼诚信、团结友善、勤俭自强、敬业奉献”的公民基本道德规范；深入开展以“八荣八耻”为主要内容的社会主义荣辱观教育；广泛进行社会公德、职业道德、家庭美德和个人品德教育；用社会主义核心价值体系教育引导农民群众。修订完善乡规民约，依托农村道德评议会、红白喜事理事会等组织开展道德实践活动。在防治“非典”、禽流感、猪流感等重大疫情，抗击南方冰灾和四川震灾等过程中，组织开展“讲文明、讲科学、讲卫生、树新风”活动，引导农民摒弃迷信行为，革除各种陋习，树立文明新风。弘扬扶贫济困的中华民族传统美德，广泛开展送温暖、献爱心、访贫问苦活动，帮助困难群众解决生产、生活中的实际问题。落实中央关于加强和改进未成年人思想道德建设的要求，加强农村学校周边环境治理，整顿网吧和娱乐场所，营造有利于青少年健康成长的社会环境。随着农村思想道德建设的扎实开展，农民群众解放思想、更新观念的多了，开拓进取、艰苦创业的多了，追求文明、健康生活方式的多了，积极向上、平等友爱、融洽和谐的文明新风在农村逐步兴起。

三、重视精神文明创建，农民群众文明素质有新的提高

多年以来，文明城市、文明行业、文明村镇三大创建活动相互联动，整体推进。各地各部门把创建文明村镇同加强党的基层组织建设、巩固基层政权结合起来，同壮大集体经济实力、为广大农民服务结合起来，同计划生育、节约土地、保护环境等工作结合起来，以户为抓手、以村为基础、以小城镇为龙头，内容不断深化，形式不断拓展。

从 1994 年起，中宣部会同有关部门每两年召开一次全国农村文化建设工作座谈会，每次会议围绕一个主题，重点总结推广一个方面的经验，先后推出了河南林州艰苦创业、湖北竹山十星级文明户、山东文登服务农民、辽宁开原城乡共建、河北廊坊创建文明小城镇、湖南省和美创建、广西百色连片创建、海南创建文明生态村等经验，推动了创建文明村镇活动的深入发展。文明农户创建活动形式多样，“十星级文明户”、“五好家庭”、“和美家庭”、“文明农民”、“好婆婆、好媳妇”、“致富能手”等，吸引了农民群众积极参与。文明村创建活动丰富多彩，文明一条街、文明示范村、文明信用村、小康文明村等各种新的创建载体不断涌现。海南省从实际出发，广泛开展以“优化生态环境、发展生态经济、培育生态文化”为主要内容的文明生态村创建活动，建成文明生态村5 300个，占全省自然村的22.8%。贵州省遵义市组织的“富在农家、学在农家、乐在农家、美在农家”活动，以帮助农民增收致富为前提，引导农民学科技、学文化、学政策、学法律，改善人居环境和生产、生活条件，丰富文体活动，营造和谐氛围，改变精神面貌，受到农民群众的热烈欢迎。文明小城镇创建活动扎实推进，供电、供水、电信、邮政、金融、环保、交通等与农民群众生产、生活关系密切的窗口单位，大力倡导文明生产、文明经营、文明服务。蓬勃开展的文明村镇创建活动，从具体事情抓起，从解决实际问题入手，激发农民群众建设美好家园的热情，有效推动了村容镇貌的改善，提升了农村社会文明程度。2006 年以来，湖南省许多地方先后开展了以讲文明、讲科学、讲卫生、树新风为主要内容的“三讲一树”主题创建活动；开展了以清垃圾、清路障、清污泥以及改水、改厕、改厨、改浴、改圈为主要内容的“三清五改”大行动，有相当部分农户对室内和住宅周边环境卫生进行了大整治，各地农村面貌明显改观。如临澧县把“提高农民群众的思想道德素质”作为第一目标，以“破陋习、树新风”为重点，通过组织艺术团进村巡演、在县电视台进行专题报道等一些群众喜闻乐见的形式，引导农民明是非、甄善恶、辨美丑，引导农民爱党、爱国、爱家。临澧艺术团把“三个代表”、“八荣八耻”编成了大鼓、小品和快板，送戏下乡，寓教于乐，广受农民群众好评。同时，开展了“生态文明村”创建活动，重点建设了太平村等10个示范性强的生态文明村；开展了“百里文明走廊”连片创建活动，正在把207国道临澧沿线建成一条经济走廊、文化走廊，极大地激发了全县上下特别是农民群众建设新家园的热情。自2006年以来，全县农民群众自发投工62 000多个，自愿捐资2 328万元，投身新农村建设的积极性空前高涨。乡村道路建设、农田水利建设、农村电力通讯建设等全面加强，特别是农村道路建设成效明显。湖南省郴州市广泛深入开展了“和美家庭”、“和美社区”、“和美村庄”创建活动，“和美家庭”创建活动，着眼于改善婆媳、妯娌、夫妻、长幼、邻里关系，促进解决家庭成员不爱学习、不讲卫生、失散失和、邻里友情淡薄等问题。“和美社区”创建活动，着眼于改善社区环境卫生、治安状况等，引导社区居民不断相识、相知、相助、相融，增强对社区的认同感、归属感，促进解决下岗失业居民再就业难、进城农民工子女就学难、居民间人际关系疏通难等问题。“和美村庄”创建活动，着眼于改善农村环境面貌和人际关系，丰富农民精神文化生活，促进解决乡村人居环境“脏、乱、差”和封建迷信等问题，在全市农村逐步形成了村容整洁、乡风文明、邻里和睦的和谐景象。

四、重视公共文化建设，农民群众精神文化生活明显改善

近年来，随着中央解决“三农”问题一系列重大举措的出台，文化部和财政部联合实施了“全国文化信息资源共享工程”、“送书下乡工程”等一系列重大有影响的文化项目，成为推动文化工作的有力抓手，促进了各地各部门采取切实措施，不断增加对农村文化基础设施建设的投入，促进了公共文化建设。农村文化建设资金投入出现了由少到多、由临时申请到列入专项预算、由政府财政投入到社会各方面共同投入的新局面。

2008 年各级财政对农村文化的投入共计 62.5 亿元，比 2007 年的 56.13 亿元增加 6.37 亿元，增长 11.35%。中宣部、中央文明办、文化部会同有关部门投入十几亿元资金，重点支持中西部农村地区，组织实施西部开发助学工程、电视进万家工程、万村书库工程、爱国主义教育基地建设工程，积极发展红色旅游。国家发改委、财政部、广电总局和有关地方共投入 34.4 亿元建设“村村通工程”，使 11.7 万个行政村近9 700万农民群众受益。截至 2004 年，全国 95% 的乡镇和 70% 的行政村均可收听收看广播电视。湖南省韶山市的小广播远近闻名，他们把传递致富信息，讲授致富技术，解答致富疑难作为经常内容。还配播花鼓戏、相声、幽默故事等文艺节目，深受村民群众欢迎。新闻出版总署出台相关政策，重点支持有关“三农”图书的出版发行。近年来，全国共出版“三农”图书约 2.6 万种。自 2002 年 4 月起，文化部和财政部等部门联合实施“全国文化信息资源共享工程”，累计投入 9.07 亿元，数字资源量达到 65TB（1TB 数据相当于 25 万册电子图书或 926 小时视频节目），与农村党员干部现代远程教育和农村中小学现代远程教育工程密切结合，着力为农民群众提供信息服务，共建基层服务点 20 多万个，辐射人群上亿，农村公共文化服务网络初步形成。文化部、财政部联合实施送书下乡工程，自 2003 起，向全国 22 个省份的 300 个国家级扶贫开发工作重点县图书馆和3 000个乡镇图书馆（室），赠送农村适用图书。每年为每个县图书馆送书1 000册；每年为每个乡镇图书馆（室）送书 330 余册。财政部每年为送书下乡工程安排专项经费 2 000万元。2003 ~2008 年已累计安排资金 1.2 亿元，为国家级扶贫开发重点县和乡镇配送图书总数超过1 060万册，这些图书内容健康、实用性、可读性强，为农村群众提供了丰富的精神食粮。[①] 各地利用节假日、纪念日和民族传统节日，举办农民艺术节、乡村青年文化节，编排农村小戏剧、小节目，活跃农民群众文化生活。从20世纪90年代初开始，湖南长沙就把“送戏下乡”活动的重点定位于服务农村文化建设，注重大力培养农村文艺队伍，根据自身的历史文化和人文特点，积极培植特色文化。除传统湖南花鼓戏《刘海砍樵》外，他们还精心排练了《蔡坤山犁田》、《刘大娘笑呵呵》、《欢乐颂》等经典剧目，并注入时代气息。特色剧下乡演出受到农民的普遍欢迎，成为农村文化建设的强大“助推器”。2004年，长沙市的3个剧团在全市农村演出1 061场，放映电影496场。这项活动开展10多年来，受益的农民超过2 000万人次。湖南临澧县近年来坚持开展“文化下乡”活动，利用节假日先后举办了“情系三农”、“乡友情、心连心”、“五一歌会”巡演活动等公益演出，仅2006年全县6个农村骨干演出团体演出378场次，41支狮龙队演出2 120场次，52支管乐队演出5 680场次，并聘请外地演出团体演出100多场次，广受农民欢迎。通过不断的探索和努力，现在临澧已经形成了民俗文化、生态文化、社区文化、广场文化等多种文化形态共生共荣、良性互动的发展格局，打造了一批独具特色的“文艺精品”、“艺术之乡”和“职业剧团”。一大批写临澧、画临澧、推介临澧的优秀文化人才也脱颖而出，先后有5人获得“丁玲文学奖”、“文化部文华奖”、“文化部群星奖”、湖南省“五个一工程”

---

① 中国网，全国重点文化工程建设情况［EB/OL］. http://www.china.com.cn/culture/zhuanti/07ggwhfubg/2007-12/21/content_9416225_4.html.

奖等；全县列入文化部门民间艺人档案的人员达1 500名。[①] 农村文化体制改革稳步推进，广大文艺院团转换经营观念，积极开拓农村文化市场。农民群众参与文化建设的热情逐步高涨，农民投资自办文化在许多地方悄然兴起，农家文化大院和文化中心户成为农村文化建设的一支新生力量。“权勇农民文化大院”是山西祁县昭馀镇丰泽村的农民权勇创办的。他从 1982 年起承包了村里的电影放映业务，20 多年如一日，坚持为群众放电影，被媒体称为“红色放映员”。他收集了1 500多部电影拷贝，并办有一个藏书5 000册的图书室，常年为农民群众提供图书借阅和电影放映服务。各方面投入力度的不断加大，投入渠道的不断增多，壮大了农村文化阵地，丰富了农民群众精神文化生活。

五、重视对农村文化的投入，农民群众在文化创建中得到实惠

多年来，特别是十六大以来，各级党委、政府贯彻中央关于工业反哺农业、城市支持农村的方针，重视发挥城市在科技、教育、文化、卫生等方面的资源优势，在更大范围、更高层次、更广领域动员城市支持农村文化建设。各地各部门从实际出发，开展以城带乡、城乡共建活动，组织城市文明单位和农村基层单位结对子，帮助农村改善文化设施、美化村容村貌、提高农民素质。1995 年，文化部会同中宣部、农业部等八部门组织“文化下乡”活动，1996 年，文化下乡拓展为文化、科技、卫生“三下乡”，主办单位由最初的 8 个发展到 14 个。中宣部、中央文明办每年从宣传文化事业经费中，拿出数千万元资助“三下乡”活动，文化部每年送书下乡的

---

① 周勇军，朱本召，易铜生．临澧县新农村精神文明创建实践调查［EB/OL］. http://hnrb. hnol. net/Article Content/200610/200610157473946278089. html.

经费达3 000万元，农业部每年投入600 万元用于“三下乡”集中活动。[①] 教育部、团中央等部门组织的大学生暑期“三下乡”每年都有几百万青年学生参加。文化部、宣传部等有关部门在做好图书下乡、电影下乡、法律下乡、婚育新风进万家、亿万农民健康促进行动、大中专学生志愿者“三下乡”等活动的同时，组织开展了多种多样的院士专家西部行、科技列车老区行、文艺院团下乡、农业科技下乡、专家医生下乡、科技大王进农家、乡村青年文化节、民营企业下乡等一系列活动，群众广泛参与，产生了较好的社会影响。2004 年11 月，中宣部等十四部委在河北衡水联合召开全国文化科技卫生“三下乡”活动 10 周年工作座谈会指出，据不完全统计，10 年来各地各部门共向农村送图书 7 亿多册，送戏 690 多万场，送电影2 500多万场；科技人员下乡1 700多万人次，举办科技培训班410 多万场，培训农民 6. 9 亿人次；下乡医疗队 36 万多支，开展医疗培训1 600多万人次。城市对农村的有力支持，拓展了农村文化建设的渠道和空间，融洽了农村和城市之间的关系，使农民群众不同程度地享受到社会文明进步的成果。云南省景谷傣族彝族自治县大力实施《关于进一步开展“文明村”创建活动的实施意见》、《农村“十星级文明户”创建活动实施办法》等文件，开展“以城带乡、城乡共建”精神文明创建活动，不断帮助农村提高群众性精神文明创建工作的质量和水平。每年县财政列出 30 万元的专项资金，购买1 000吨水泥加强农村基础设施建设，每年以 30 个自然村实现道路硬化，水、电、路、通讯畅通的速度加大农村基础设施建设。全县共有 28 个文明单位与 26 个村民小组结成共建对子，结对的各文明

---

① 吉炳轩．加强农精神文明建设，倡导健康文明新风尚［J］．理论周刊，2006（5）．

单位，无偿给创建村提供资金、物资支持。农业科技部门为创建村农民进行种植业、养殖业科技知识培训，使村民的科技意识和实用技术能力不断得到提高；规划部门免费为创建村搞好规划，精心绘制图纸；交通、公路部门派出技术人员帮助创建村勘测线路，搞好村道的拓宽改造；卫生、水利部门的技术人员多次深入各村、社，悉心指导群众改水、改厕，搞好房前屋后的绿化、美化，共建单位结合本村的实际还为创建村制定经济发展规划，指导经济发展。通过农村精神文明创建与社会主义新农村建设工作的有机结合，群众的文明素质得到不断提高，村容村貌发生了巨大变化，群众翘首以盼的愿望变成了看得见摸得着的实惠。几年来，全县共架设电网 1 252.4 公里，建沼气 17 630 户，改厕 5 962 户，改水 12 956 户，村寨铺设水泥路 18.8 万平方米，改造农村危房 4 571 户，建文化室 142 个，建水泥篮球场 135 个。建成国家级“文明村”1 个、省级“文明单位（村）”24 个、市级“文明单位（村）”46 个、县级“文明单位（村）”206 个，157 个村民小组创建“十星级文明户”共 8 338 户，168 个自然村旧貌换新颜。①

第四节　当前新农村文化建设存在的主要问题及原因分析

进入新时期以来，农村文化事业蓬勃发展，成绩有目共睹，各地组织开展各种农村文化活动，培育农村文化市场，开展文化科技

① 谢平．精神文明迈大步，农村景象写新章［EB/OL］．http：//www．puershi．gov．cn/news/ShowArticle．asp？ArticleID＝9226．

卫生“三下乡”，取得良好的效果。但是，总体说来，农村文化建设与全面建设小康社会的目标还不相适应，与经济社会的协调发展还不适应，与农民群众的精神文化需求还不相适应。在发展过程中面临的困难和问题还很多，突出表现在：农村群众的文化生活缺乏有效的组织和管理，群众喜闻乐见、丰富多彩的文化形式没有得到充分挖掘和利用；群众文化生活单调；有些地方封建迷信等愚昧活动盛行，少数地方非法宗教活动抬头；文化设施落后，等等。这些问题，已经严重影响了农村文明建设的顺利发展，甚至危害到社会的和谐稳定。因此，对农村文化建设还需进一步增强紧迫感和使命感。

一、当前新农村文化建设存在的主要问题

（一）从社会发展的横向结构看，农村文化建设滞后于经济和社会整体的发展水平

1. 农村的精神文化生活落后于农村经济发展和农民的物质生活。主要表现在：农民用于文化娱乐消费偏低，与总体收支水平不相称。如 2004 年天津市文化娱乐消费支出比重（即文化消费支出扣除学杂费后占生活消费支出的比重）仅为 4.1%，与全面小康的实现标准相差 2.9 个百分点。而我国将农村全面小康的文化娱乐消费支出比重的实施标准定为 7%。中等发达国家的平均值为 7.6%，亚洲国家平均值为 9.7%。[①] 农村群众的精神文化生活比较单一，文化生活品位不高。劳作之余，农民的精神文化生活大多集中体现在看电视、串门闲聊、赶集或走亲访友、聚众喝酒，甚至打牌赌博、买六合彩或从事封建迷信等活动之中。经常看书看报者不多，钻研技术者更少。其中农村老年人群体的精神文化生活最为贫乏，特别值得关注的是农村老年妇女的精神文化生活十分贫乏，不少农村老

---

① 韩俊．中国农村小康社会建设［M］．北京：中国水利水电出版社，2006：107.

年妇女把“烧香拜佛”作为精神生活的重要内容，农村老年人群体成为特别需要文化关怀的群体。

2. 农村文化建设落后于城市文化建设，不平衡现象非常突出。近年来，农村文化建设虽然取得了可喜进展，但从总体上来看，发展速度仍然相对缓慢，其滞后于城市文化建设的状况也并未发生根本性改变。文化娱乐设施和资源在农村极度匮乏，不少乡镇几乎没有可供借阅图书或音像制品的公共图书馆。城乡之间的信息资源差距十分悬殊，且呈现扩大的趋势。由于农民可供支配收入较低，加上自身对文化建设认识不够，网络普及和应用的增长主要发生在城市，农林牧副渔和水利业生产人员仅占网络用户总数的 0.76%，网络用户中只有 0.3% 的用户是农民。城市网络普及率为农村普及率的 740 倍。农民处于“信息化革命”的边缘。① 有的农民认为现在搞的是市场经济，就是要想方设法多挣钱，文化建设无足轻重；有的甚至认为文化建设“那是文化人干的事”，与自己无关，农民用于文化消费的支出与城市相比，存在巨大差距。同时农民日益增长的精神文化需求又需要得到不断的满足，历史发展的必然要求与现实对这个要求的满足之间存在着巨大的差距，从而使得“不良文化”、“文化垃圾”乘虚而入，抢占生存发展的空间。一些乡村神汉、巫婆、看相、算命、看风水等封建迷信活动时有出现，农村红白喜事中还存在大操大办的现象，不仅浪费严重，也为封建迷信的滋长提供了土壤。近年来，黄、赌、毒等社会丑恶现象又有所抬头，许多农民认为在茶余饭后打打牌、搓搓麻将输赢几个小钱打发消遣时间没有什么大不了的，因此在农村特别是农闲时节，赌博现象比

---

① 赵富军．另一种视角的数字鸿沟［EB/OL］．http://www.cnki.com.cn/Article/CJFDTotal－XXWL200408016.html.

比皆是。部分乡镇设立的村级文化协管员本身素质就不高，形同虚设。虽然为了弥补城乡之间的文化差距，政府也在想方设法加强城市对农村的文化支持力度，用城市文化反哺农村文化，然而效果不是很好而且有很多局限性。表现在文化产品的创作生产过程中，信息不对称、产品不对称的问题比较突出，创作生产的许多产品不贴近实际，不贴近群众，群众不需要、不欢迎，而群众真正需要的精神文化产品不多，供给的有效性不高，供需矛盾比较突出。多年来，虽然“文化下乡“、“文化进社区”等活动搞得不少，但由于有的只停留在蹦蹦跳跳，打打闹闹，有的“形式老套、内容空洞、没有吸引力”；有的“形式不错，但内容不够丰富”；有的“离农民太远”，农民群众参与的积极性不高，实际效果往往有违组织者的良好初衷。

3. 政府对领导农村文化建设的重视远远逊于领导农村经济建设，存在“重经济、轻文化”的倾向。改革开放三十多年来，农民生活从温饱进入小康，“富而思文，富而思乐，富而思学”，对精神文化生活的需求大大增强，近几年，随着经济的发展，各地财政实力的增强，为加强农村文化建设、丰富群众的文化生活提供了物质保证，农村配备了一些文化设施，开展了一系列的文化活动，培养了一些文化人才，农村文化建设取得了一定的成绩。但是应当看到，虽然近年来在执政为民理念指导下，党委和政府对农民给予了高度关注，为他们解决了许多生活、生产上的困难，如通村公路、安全饮水工程、最低生活保障、进城农民工培训工程、失地农民生活保障等，但总体上来看，这些关注和救助主要是经济上、物质上的，而对农民群众享受现代文明和精神文化需求方面的关注则相对不够。乡镇政府理念或主要职责是搞经济建设，而有意无意地忽视了社会建设和文化的发展问题。有的乡镇领导受错误的政绩观迷惑，为了GDP 的上升，把有限的财力大部用于经济建设项目上，很少顾及甚至不顾及农村公共文化事业的建设和发展。

（二）从历史发展的纵向结构看，农村传统文化受到现代外来文化的强烈冲击和挑战

农村蕴涵着丰富的文化资源，各地都具有浓郁的特色文化。但是，农村现有的民间文化、古村落文化（没有被列入非物质文化或文物遗迹）越来越少，而且没有人去保护，于是自然而然衰败。一些以非物质形态存在的，却与我们的民族智慧和灵魂血脉相辅相成、保留着我们最纯粹最古老的文化记忆和文化基因的精神财富正迅速离我们远去。许多传统文化在年轻人面前失去往日的魅力。从演出剧节目的艺术品种看，港台通俗歌星演唱会的奇特火爆和传统及戏曲民族艺术的相对冷落，形成强烈对比；从演出场地上说，农村庙会集市上人潮涌动给一些从事色情表演的大棚演出团组提供了可乘之机。许多古建筑群逐渐被现代化建筑所代替；许多民间艺术被外来艺术所排挤；外出打工的青壮年对农村中古老的文化艺术逐渐失去留恋。虽然近年我们对非物质文化遗产做了大量工作，但在人力和财力上的投入还远远不够。

（三）从文化自身的结构看，农村文化事业与文化产业及相互之间发展不平衡

广播电视“村村通”是社会主义新农村文化建设的“一号工程”。从 1998 年开始，国家启动了“村村通”广播电视工程；2004 年，又提出让“村村通”工程成为“户户通”工程。经过几年的努力，我国广播、电视人口综合覆盖率分别从 1997 年的 86.02% 和 87.68% 提高到 2005 年的 94.48% 和 95.81%①。同时各地利用农村

---

① 王彩．广播电视“村村通”2008 年迈上新台阶［EB/OL］．http：//baike.baidu．com/view/2969007．htm？fr = alao_ 1.

文化资源开展旅游文化建设，也取得了明显的经济效益。但是，在实践中不难发现，农村文化事业与文化产业界线不清，农村文化产业发展明显滞后，大多数文化产业单位仍还处于求生存、求数量的粗放型经营发展阶段，文化产业比重偏低的现象还长期存在。一方面，农村文化事业长期以来是“软指标”，“欠债”较多，长期处于弱势地位。目前，很多乡镇文化站观念不新、机制不活、投入不够、阵地萎缩、辐射功能差。一些乡镇文化站初建时相当漂亮，但投资不配套，缺少甚至没有图书和活动器材，有的被挪作他用，甚至于连场所都没有的乡镇文化站往往成为名副其实的“空壳文化站”。农村文化单位业务经费难以得到充分保证，真正用于事业建设和业务方面的经费很少，乡镇文化站工作人员多为兼职，在业务上归上级文化主管部门指导，在人事权上又归乡镇领导，一有新任务，乡镇文化站的人员就被四处抽调，导致农村文化建设“闲时不愿抓，忙时没时间抓”，真正花在文化工作上的时间不多。

二、当前农村文化建设存在主要问题的原因分析

（一）城乡二元体制是当前农村文化问题的总根源

落后的农村、发达的城市，落后的农业、先进的工业的城乡对立的二元结构是发展中国家的典型特征。在二元体制框架下，导致城乡发展的严重失衡。长期以来重城市，轻农村的发展方式，使城乡文化资源配置不合理，差距甚大。首先，从整体看，城乡享有的文化资源严重失衡。据调查，在浙江省，占人口60%以上的农民享有的文化资源还不足30%①。2005年长沙市城区、县城文化机构有536个，而乡村只有200个；城市、县城文化场地面积是3 498.4万

① 张乐，刘娟靖，王建华．城乡文化强弱差距挑战中国新农村建设目标［EB/OL］. http://politics. people. com. cn/GB/1026/4071380. html.

平方米，而乡村只有923.4万平方米。其次，从财政对文化投入的城乡构成看，2006年全国农村文化共投入44.6亿元，占全国财政对文化总投入比重为28.5%，与城市文化经费投入相比低43个百分点。[①] 再次，从涉农书籍看，最近几年，中国每年出版图书17万到19万种，其中有关“三农”的图书还不到4 000种。与此同时，农村图书的发行网络也在逐步萎缩，自改革开放以来，城市发行网点从3万多增加到十几万，而农村发行网点却减少了40%。[②] 全国真正面向普通农民的农村类报纸只有30多家。这30多家农民报总发行量180多万份，仅相当于发行量大的都市晚报类一家的发行量。[③] 农村的文化建设问题只是农村问题折射出的一个侧面。社会的二元结构，逐渐使城乡形成两个不平等的群体，成为农村文化问题及其他问题的总根源。正是如此，党和政府提出以人为本的科学发展观和构建社会主义和谐社会的理念，也正是基于这个理念，中央提出“工业反哺农业”、“城市带动农村”的基本方针，进入新农村建设的新阶段。

（二）县、乡政府的职能定位偏差，是当前农村文化问题的思想根源

各地县、乡政府特别是乡镇政府热衷于抓经济建设，源于发展经济的强烈愿望，普遍重视经济性、生产性的公共产品的生产和提供，而对社会性基础设施投资甚少。在政绩目标考核驱使下，为创造政绩，一些地方政府更愿意将资金投向政绩工程、门面工程，以

---

① 李建军．全国农村文化投入增幅较大对西部投入比重略有上升［EB/OL］．http：//philosophy．cass．cn/org/zxin/whzxin/lbs/0605．htm．

② 张乐，刘娟靖，王建华．城乡文化强弱差距挑战中国新农村建设目标［EB/OL］．http：//politics．people．com．cn/GB/1026/4071380．html．

③ 钟玉明，李亚彪．农村的“信息孤岛”现象［J］．瞭望，2006：46．

致严重过剩，资源浪费。而符合农民实际需求的和与日常生活接近的农村公共产品特别是公共文化产品和服务却供给意愿不强，无论是数量、质量，还是结构，都严重落后。往往造成农村的文化、教育、卫生、环境保护等问题长期得不到解决。部分农村干部对文化建设工作的重要性缺乏正确认识，只注重抓经济建设这一中心工作，认为只要经济增长了，有了钱，就一切都好办了。在这种思想指导下，一些基层政府忽视了农村文化对农村经济和社会发展的推动和促进作用，在工作中将文化建设排在各项工作的后面，往往是经济当主角，文化作配角，甚至根本未被当作“角”，结果导致对文化建设工作领导不力，农村文化建设滞后于农村经济发展。我国早在“六五”时期就提出的“县县有图书馆、文化馆，乡乡有文化站”目标至今尚未实现。目前还有相当一部分县没有图书馆、文化馆，相当一部分乡镇没有建立文化站，有的有名无实，只挂牌子而无馆舍。据统计，全国有 232 个县剧院无坐席，254 个县级图书馆房屋面积为零，1 130个文化馆无业务用房，26 712个乡镇没有文化站。[①]农村其他文化基础设施建设也很不平衡，农村文化建设缺少起码的物质载体。

（三）体制不顺、机制不活，是当前农村文化问题的管理根源

从农村文化建设的内部进行分析，也有文化资源尚未得到有效利用，基层文化单位的作用没有得到充分发挥等因素。文化馆、文化站业务经费和活动经费得不到保障，许多乡镇文化工作者待遇问题难落实，队伍不稳定。与广大农村地区其他商品市场空前繁荣形成反差，农村文化市场境况冷清。一部分乡镇连一家书店也没有，

---

① 李建军．农村基础文化设施亟待改善［EB/OL］．http：//www. ccnt. com. cn/htm/whcytj/index2. php? col＝02&file＝02_ 0038.

导致农民买书难。与此同时，文化市场管理不善的问题也十分突出。一方面，人民群众迫切需要正当的文化娱乐生活，但农村的文化建设却严重滑坡，农民很难享受到一些健康的精神食粮；另一方面，文化市场的管理跟不上，甚至缺乏管理，一些不法分子为了牟利，私自印制或从海外走私进口了大量带有反动、淫秽、暴力凶杀等内容的图书和音像制品在农村大肆销售，这些不健康文化产品及反文化产品，严重损害了农村人民群众特别是青少年一代的身心健康。

社会主义新农村文化构建的目标、原则和价值追求

我们正处在贯彻落实科学发展观，构建社会主义和谐社会和全面建设社会主义新农村的新时代。在这个时代背景下，如何构建和发展与时代相适应的社会主义农村先进文化，借以塑造农民的灵魂，这是我们党执政能力建设的一项重要任务，也是时代和人民的呼唤。

我党是执政为民的政党，政府是为人民服务的政府，保障公民文化权利是党和政府义不容辞的责任。公民文化权利的实现程度，是一个社会文明进步的重要标志之一，也是衡量一个国家或一级党政组织文化工作绩效的基本指标之一。文化权利是一项基本权利，包括享受文化成果的权利、参与文化活动的权利和进行文化创造的权利，进行文化创造所产生的精神上和物资上的应当受到保护的权利。

党的十七大报告首次把文化作为国家软实力，在党的代表大会上作为重要任务提出。中共中央办公厅、国务院办公厅《关于进一步加强农村文化建设的意见》规定："农村文化建设要坚持以邓小平理论和'三个代表'重要思想为指导，树立和落实科学发展观，全面贯彻党的十六大和十六届三中、四中、五中全会精神，始终把握社会主义先进文化的前进方向，努力满足广大农民群众多层次多方面精神文化需求。要坚持'多予少取放活'，加大政府投入，调整资源配置，深化体制改革，加强文化基础设施建设，构建公共文化服务体系，实现和保障农民群众的基本文化权益。发挥市场机制作用，加强政策调控，积极发展文化产业，充分调动社会各方面力量参与农村文化建设，提供更多更好的文化产品和服务。大力发展先进文化，支持健康有益文化，改造落后文化，抵制腐朽文化，倡导科学、文明，克服愚昧、落后，促进农村物质文明、政治文明、精神文明协调发展。”这一规定为我国农村文化建设事业的发展指明了方向。

第一节 社会主义新农村文化构建的目标

新农村文化建设是一个综合性的系统工程，它包含思想道德建设、精神文明建设、教育文化建设、科学技术建设等各个方面，而文化建设作为承载思想、培养情操、传播知识、提供消遣、美化生活、丰富人生的重要工具，在繁荣农村文化方面有着不可替代的作用。

近年来，党和政府对文化事业在社会主义新农村建设中重要性的认识跃上了新高度，从提升国家软实力的高度认识文化建设，这是中国共产党人对公共文化事业认识的一次质的飞跃。把公共文化服务均等化作为实现和保障农民基本权利的主要途径，覆盖全社会的普遍均等、惠及全民的公共文化服务体系建设取得了显著成效，“全国文化信息资源共享工程”、“送书下乡工程”、“乡镇综合文化站建设”等国家重大文化工程的实施，有力地改变了农村文化设施、文化供给、文化服务的水平。广大农村是非物质文化遗产蕴藏丰富，积淀深厚，传承活跃，传承机制稳定持久，优秀传统文化健康延续的广阔天地，在社会主义新农村建设中，优秀传统文化仍旧发挥着重大的作用。广大农民兄弟世世代代创造和享用的民间口头传说、音乐、舞蹈、戏剧等表演艺术，礼仪和节庆活动，有关自然界和宇宙的知识，传统手工艺等都是极其宝贵的精神财富。这使他们在生活中充满了幸福感和成就感，是他们才智的体现，是他们和谐共处的媒介，是他们的价值观和道德观的体现，也是他们处理人与自然亲善关系的精神纽带。

党和政府对农村文化事业的发展进行了长远规划："农村文化建设的目标任务是，按照建设社会主义新农村的要求，经过 5 年的努力，基本形成适应社会主义市场经济体制、符合社会主义精神文明建设规律的农村文化建设新格局。县、乡、村文化基础设施相对完备，公共文化服务切实加强。农村文化工作体制机制逐步理顺，现有文化资源得到有效利用。文化队伍不断壮大，农民自办文化更加活跃。文化产业较快发展，看书难、看戏难、看电影难、收听收看广播电视难的问题基本解决。农村文明程度和农民整体素质有所提高，文化在促进农村生产发展、生活宽裕、乡风文明、村容整洁、管理民主等方面发挥重要作用。"① 这一规定为加快发展农村文化事业描绘了新蓝图，我们每个人都应为实现这个宏伟目标而努力奋斗。

一、完善基础设施，提高公共文化服务水平

由于受经济条件、地理位置等因素的制约，我国农村文化基础设施建设滞后，公共文化服务的水平较低。农民日益增长的精神文

---

① 五台山农村合作经济信息网，中共中央办公厅、国务院办公厅关于进一步加强农村文化建设的意见［EB/OL］http：//www. coopcn. com/Article_ Show. asp? ArticleID = 1448，2007 - 06 - 26.

化需要同落后的文化生产力之间的矛盾更加突出，人们的文化需求未能得到有效的满足。因此，必须把加强农村文化设施建设作为重点，切实加大投入，以政府投入为主，整合社会力量参与建设，逐步建立国家、集体、个人、社会相结合的多渠道投入体系，逐步改变群众文化活动场地、设备、器材和现代传媒、网络等硬件设施严重不足的状态。上层应变“蜻蜓点水”地“送”文化为实实在在的“建”基础，多给以物和资的投入，以“硬”托“软”。2007 年 3 月 17 日，温家宝总理代表国务院在第十届全国人大五次会议上所作的《政府工作报告》中指出，要“着眼于满足人民群众文化需求，保障人民文化权益，逐步建立覆盖全社会的公共文化服务体系。突出抓好广播电视村村通工程、社区和乡镇综合文化站建设工程、全国文化信息资源共享工程、农村电影放映工程、农家书屋工程”。不断完善公共文化设施网络布局，以大型公共文化设施为骨干，以社区和乡镇基层文化设施为基础，优先安排关系人民群众切身文化利益的设施建设，加强图书馆、博物馆、文化馆、美术馆、电台、电视台、广播电视发射转播台（站）、互联网公共信息服务点等公共文化基础设施建设。

县级图书馆、文化馆，乡镇文化站及村文化室是农村基层重要的文化设施网络和活动阵地。根据《国家“十一五”时期文化发展规划纲要》，我国将加大农村公共文化服务网络建设，坚持以政府为主导，以乡镇为依托，以村为重点，以农户为对象，到 2010 年，实现县有文化馆、图书馆，乡镇有综合文化站，行政村有文化活动室，争取达到“一乡一站、一村一室、一人一册”的目标，形成较为完备的县、乡、村三级农村公共文化服务网络。近年来，国家不断加大对农村文化建设的投入力度，加强基础设施建设，为农村文化建设提供了有力保障。国家发改委从 2002 年到 2005 年投资 4.8

亿元，用于扶持县级文化馆、图书馆设施建设，三年间全国共补助县级图书馆、文化馆建设项目1 078个，县县有图书馆、文化馆的目标正在逐步实现。乡镇文化站是新农村文化建设的主阵地。乡镇可结合乡镇机构改革和站（所）整合，组建集图书阅读、广播影视、宣传教育、文艺演出、科技推广、科普培训、体育和青少年校外活动等于一体的综合性文化站，配备专职人员管理。村文化活动室可“一室多用”，明确由一名村干部具体负责。在学校布点整顿中腾出的闲置校舍，可改造为村文化活动基地。充分发挥农村中小学在开展农村文化活动方面的作用，提倡中小学图书室、电子阅览室定时就近向农民群众开放，把中小学校建成宣传、文化、信息中心。在欠发达地区，国家将新建、改建、扩建约 2.5 万个综合文化站，配备必需的设备，完成对农村危旧公共文化设施的改造，基本实现全国乡镇均建有综合文化站。对西部及其他老少边穷等地广人稀适宜开展流动服务的地区，建立流动综合文化服务车，配备流动文化服务车、流动电影放映车，开展集影视放映、文艺演出、图片展览、图书销售和借阅、科技宣传为一体的流动文化服务，形成灵活、多样、方便的文化服务体系。

不断完善广播电视“村村通”工程。完善农村广播电视公共服务覆盖体系，以提高广播电视节目入户率为重点，充分利用无线、卫星、有线、微波等多种手段，全面推进广播电视由模拟向数字化转换，积极发展多种形式的新兴传播载体，推进广播电视进村入户，为广大农村地区提供套数更多、质量更好的广播电视节目。加大广播电视“村村通”工程的投入力度，争取到 2010 年基本实现 20 户以上的已通电自然村全部通广播电视。做好农村接收广播电视的服务工作，加强各级广播电视无线发射转播台（站）的维护，更新设备，保障正常运行。同时积极探索适合当地实际的运行服务机制，确保“村村通”长期有效运行。

大力实施农村电影数字化放映“2131”工程。“2131 工程”是指到 2010 年，全国要实现每一个行政村（社区）每一个月放一场电影的目标。《国家“十一五”时期文化发展规划纲要》将“2131 工程”列入七项公共文化建设重点工程。要加强农村影院的更新改造，增加农村电影固定放映点。要加大专项资金投入，重点做好配送电影流动放映车和电影拷贝工作，丰富农村电影片源。推广电影数字放映技术，加快电影制作、发行、存储和放映的数字化。在农村逐步实现由胶片放映向数字放映的转变。加强农村中小学爱国主义教育影片和农村科教影片的放映。采取定点、流动、录像放映等多种形式，积极探索农村电影放映的新方法新模式，到 2010 年基本实现全国农村一村一月放映一场电影的目标。在电影放映的过程中，可在片头播放针对不同观众、内容丰富的知识、信息，如廉政、计生、法规、种养技术等知识和信息，让观众在潜移默化中接受信息、掌握知识。

加快建设文化信息资源共享工程，开展农村数字化文化信息服务。文化信息资源共享工程是充分利用现代高新技术手段，将中华民族几千年来积淀的各种类型的文化信息资源精华以及贴近大众生活的现代社会文化信息资源，进行数字化加工处理与整合，建成互联网上的中华文化信息中心和网络中心，并通过覆盖全国所有省、自治区、直辖市和大部分地（市）、县（市）以及部分乡镇、街道（社区）的文化信息资源网络传输系统，实现优秀文化信息在全国范围内的共建共享。积极发展文化信息资源共享工程农村基层服务点，要依托农村党员干部现代远程教育和农村中小学现代远程教育网络，以共建方式发展基层服务点，重点支持边远贫穷地区乡镇、村基层服务点建设。文化信息资源共享工程要与农村文化设施建设统筹规划，综合利用，使县文化馆、图书馆和乡镇综合文化站、村文化活动室逐步具备提供数字化文化信息服务的能力。

实施好“农家书屋”工程。“农家书屋”工程是通过加大政府投入和充分调动社会各方面力量，切实解决农民群众“买书难、借书难、看书难”的问题，实现好、维护好、发展好农民群众的基本文化权益。“农家书屋”工程是一项由政府统一规划和组织实施的利国惠民工程，是农村文化建设的基础性工程，《国家十一五时期文化发展规划纲要》提出，要按照“政府资助建设、鼓励社会捐助、农民自我管理、市场运作发展”的要求，支持农民群众开办“农家书屋”。截至 2007 年 6 月底，全国新闻出版系统已有 20 多个省（自治区、直辖市）开始实施“农家书屋”工程，共建成“农家书屋”4 996家，加上原来各地新闻出版局在农村基层建立的各类书屋，全国已建成各类“农家书屋”10 000余家。

二、建立健全农村文化建设的长效机制

农村文化体制机制与社会主义市场经济发展的要求不相适应。一些面向农村的文化部门和单位的具体工作，经常出现“巧妇难为无米之炊”的现象：有计划，没办法，结果是落实难到位。基层农村文化建设要想真正有所发展，核心是要有一个有保证的、较为固定的长效工作机制。党中央、国务院对文化体制改革很重视，下发了中共中央、国务院《关于深化文化体制改革的若干意见》。我们要按照这一文件的要求，切实建立健全农村文化建设的长效工作机制。

建立健全农村文化管理体制。在管理方面，目前在县一级，县委宣传部负责群众文化宣传工作，县广电局负责电视广播，县文化局负责群众文化，县体育局负责群众体育活动；在乡一级，党委有党委组织的文化活动，教育部门也有自己组织的文化活动。不少情况下，见利益都上，见困难都让，对工作开展不利。农村文化改革发展的新形势，对文化管理体制提出了新要求。要加强和改善党对农村文化工作的领导，要发挥政府的主导作用，加强对公共文化机构的指导、监督，创新文化管理方式，既体现政府的有效作为，发挥政府的主导性，又充分发挥社会的积极性。在区分公益性和经营性的基础上，用开放的和社会化的理念管理农村文化建设，既不能“弃之不管”，也不能“一转了之”。要推动文化行政管理部门由办文化为主向管文化为主转变、由管微观向管宏观转变、由主要面向直属单位向面向农村转变，更好地履行政策调节、市场监管、社会管理和公共服务的职能，不该由政府管理的事项坚决转移出去，该由政府管理的事项切实管好。县级文化主管部门和乡镇政府在文化建设中的主导作用则应体现在文化活动的采购、文化遗产的保护、文化阵地与设施建设以及文化市场管理上。进一步理顺政府部门与文化单位的关系，探索建立统一的文化市场综合执法机构，强化政策调节、市场监管、社会管理，提高管理效能。

建立健全农村文化运行机制。农村文化建设要根据本地的经济条件和现有可利用文化设施资源状况，结合当地的人文风俗、经济特点、文化发展状况、农民需求和文明建设目标，进行统筹规划，既要考虑到农民的现实需求，又要考虑本地可供使用的资源和经费状况，尽量利用现有资源，做到节俭办事。要由党组织牵头，构建乡（镇）、村社有机联系的文化网络体系，充分发挥农村各种组织和能人的作用，适时开展各类活动，积极组织开展群众喜闻乐见的文化活动，保证农民活动有场所、有引导、有组织、有兴趣。为保证活动的经常性，农村文化建设要使农村有文化专长的人员成为体系中的中坚力量，形成各种活动的骨干队伍，带动和培训一批积极分子，奠定活动长期持续开展的基础。注重乡土文化活动项目的开展，把乡土文化活动和发展旅游经济、农村文化结合起来。引进新的文化活动项目，丰富农民多层次文化需求。活动的经常性要融入农民的生产生活实际之中，农村文化建设的日常形式应寓于日常的生产生活中，在日常的生产生活中渗透文化建设。

建立健全农村文化保障机制。农村文化建设需要有强大的保障体系予以支撑，既要有物质支持，又要有政策支持，还要有业务支持和舆论支持。物质支持就是各级党委、政府、村社的投入和通过其他渠道获得、创造的物质支持。政府要完善投入机制，建立和完善以政府投入为主、多元融资为辅的农村文化设施建设投资机制，省、市、县三级都应设立农村文化建设的专项资金，要明确农村文化设施建设、配套设备及其维修、文化馆（站）活动、图书馆购书等经费硬性指标，逐步加大对农村文化建设的投入，确保文化事业经费的增长不低于同期财政收入的增长幅度。政策支持是通过政策的调节，确保农村文化建设有一个相对稳定的政策基础和政策保障。中共中央办公厅、国务院办公厅《关于进一步加强农村文化建设的意见》等就是很好的政策支持。业务支持主要是县级群众文化工作单位的业务指导、人才培养、活动引领、经验导向方面的支持。舆论支持是相关媒体要形成良好的氛围，为农村文化建设鼓劲和呼吁，加强对农村文化建设的宣传。

三、提高农民素质和农村文明程度

农民既是农业生产的主体，也是农村文化建设的主体。要发展农村文化、建设社会主义新农村，关键的一点就是要迅速提高广大农民的思想道德素质和科学文化素质。首先，要加强对农民的思想道德教育。对农民的思想道德教育必须与大力发展农村生产力、推进农村民主法制建设等有机结合起来。要以马克思主义、毛泽东思想、邓小平理论、“三个代表”重要思想为指导、深入贯彻落实科学发展观，宣传党的路线、方针、政策，深入进行爱国主义、集体主义、社会主义教育，坚定走中国特色社会主义道路的信念；引导农民发扬顾全大局、互助友爱和扶贫济困的精神，正确处理国家、集体、个人三者的关系，自觉履行应尽的义务。其次，要转变农民观念。要培育符合发展的开放观、市场观、竞争意识，让农民尊重科学、懂得科学、自觉创造，用科学的手段发展经济；培养农民的法制观念、平等观念、契约观念，使农民渴望致富且懂得如何致富。采取不同的方式引导农民转变因循守旧、小富即安等传统落后的观念，逐步形成适合于农村现代化建设需要的思想道德和价值观念。再次，要加强对农民的技能培训。要加大实用技术和致富技术的培训，向农民传授经济林果业的栽培技术、各种饲养技术、病虫害与自然灾害的防治技术，提高科技成果在农业中的利用和普及程度，真正让农民掌握一些农业技术，进而掌握致富的本领，使农民尽快致富。通过教育和培训，使农民真正成为有文化、懂技术、善经营、会管理的新型农民。

在农村开展“告别陋习，走向文明”活动，使农村和农民的精神面貌发生显著变化，农村文明程度不断提高。美化家园，加大整治环境力度，杜绝脏、乱、差现象，彻底消灭卫生死角，家家户户养成讲卫生的好习惯。开展《公民道德建设实施纲要》教育，倡导文明从我做起，深入开展文明乡村创建活动。广泛开展文化、科技、卫生“三下乡”活动，动员全社会与封建迷信、大操大办等陈规陋习和不良生活方式及行为作坚决斗争。要随着文化生活的日渐丰富，实现村民的言行举止文明，眼界开阔，境界提高，自我发展的意愿增强。

第二节 社会主义新农村文化构建的方针和原则

一、社会主义新农村文化构建的指导方针

党的十七大提出了十一五时期社会主义新农村文化构建要坚持的指导方针："坚持为人民服务、为社会主义服务的方向和百花齐放、百家争鸣的方针，贴近实际、贴近生活、贴近群众，弘扬主旋律、提倡多样化，始终把社会效益放在首位，做到经济效益与社会效益相统一。"①

（一）必须坚持马克思主义的主导地位，确保社会主义新农村文化构建的发展方向

马克思主义认为，统治阶级的思想在每一个时代都是占统治地位的思想，是占统治地位的物质关系在观念上的表现。每一个国家、每一种社会制度都有表达国家意愿与统治阶级根本利益的意识形态，这就是主流文化。马克思主义、毛泽东思想、邓小平理论、"三个代表"重要思想是工人阶级认识和改造世界的强大思想武器，是全人类精神文明的伟大成果，是社会主义意识形态的最重要组成部分和中国先进文化建设的根本，决定着我国文化事业的性质和方向，中国特色社会主义文化要求农村文化以弘扬时代和国家主旋律为己任，是党的理想的体现，是党的路线、方针、政策的文化解释。它的使命是在全社会形成统一的理想信念，引导人们树立正确的世界

---

① 胡锦涛．高举中国特色社会主义伟大旗帜 为夺取全面建设小康社会新胜利而奋斗［R］．2007－10－15.

观、人生观、价值观，提高民族整体素质，为国家经济发展和社会进步提供精神动力和智力支持。

随着全球化趋势的不断加强，国际上各种文化和意识形态的激烈冲突对中国文化产生了重大影响。中国农村文化的现实状况如何、存在什么问题、怎样迎接全球化的挑战等，都是我国农村文化建设必须面对的问题。另外，在改革开放的条件下，人们的理想信念、价值观等也发生了不以人的意志为转移的变化，西方意识形态和价值观对我国的主流文化形成了更为严峻的挑战，外来的黄色文化、颓废主义、利己主义甚至邪教等也在我国传播，人们的思想认识呈现多元化态势，其负面影响对经济发展和社会进步造成破坏。所有这些都要求我们，在各种意识形态的冲突和斗争中坚持马克思主义在社会主义农村文化中的主导地位，反对指导思想的多元化。这不仅是我国社会主义现代化建设事业以及社会主义精神文明建设的根本，而且也是解决文化建设中出现种种问题的根本对策。坚持马克思主义在社会主义农村文化中的主导地位，反对指导思想多元化，最根本、最重要的是重视对马克思主义的学习，以马克思主义的最新科学理论成果武装教育农民群众。

（二）必须贯彻“二为”方向和“双百”方针，确保社会主义新农村文化构建的利益导向

中国共产党在领导社会主义建设的过程中形成了一套基本的文化建设方针政策：为人民服务、为社会主义服务（简称“二为”方向），百花齐放、百家争鸣（简称“双百”方针）。新中国文化建设的实践证明，当我们正确贯彻这些方针时，文化事业就繁荣；当我们违背这些方针时，文化事业就遭受挫折。

“为人民服务，为社会主义服务”是我国文化建设的要求和文化发展的方向。1942 年，毛泽东在延安文艺座谈会上提出，“为什

么人的问题，是一个根本的问题，原则的问题”。我国的社会主义性质和人民在国家中的主体地位，以及我国文化的社会主义性质必然首先要求我们的文化建设要坚持为社会主义服务、为人民服务的方向。“二为”方向是马克思主义文化观在党的文化工作中的具体体现，也是中国共产党性质和宗旨在文化工作中的具体体现，是我们党长期坚持的文化建设的总方针。文化建设为社会主义服务有着丰富的内涵。它要求我们的文化事业，要以大多数的人民群众作为服务对象，把满足人民群众多方面的精神需求同为人民大众所利用结合起来；要把最大多数人民群众及其实践活动作为表现的对象，代表人民的利益，反映人民的生活、生产、感情、愿望，揭露和批判一切危害人民利益及权利的黑暗势力和丑恶现象；要把人民群众喜欢不喜欢、满意不满意、高兴不高兴作为判断文化产品优劣的根本标准；要把人民群众的实践活动作为文化创造的主要来源，深入群众，深入实践，深入生活，从中吸取丰富的营养。总之，文化为人民服务，最根本的，就是要创造出更多人民喜闻乐见的、健康向上的精神文化产品，满足人民群众日益增长的文化生活需要。

文化的创造是充满强烈精神个性的活动。这就要求创造一个适合文化创造的宽松自由环境。不管是社会科学的创造、文学艺术的创造，还是自然科学的创造，都是如此。为了适应文化发展的这一规律，更好地进行社会主义文化建设，我们党早在20世纪50年代就提出了“百花齐放、百家争鸣”的方针，而且一直沿用到今天。

所谓“百花齐放、百家争鸣”，就是提倡在理论工作、文学艺术工作和科学研究工作中有独立思考并发表自己独立见解的自由，有辩论的自由，有创作和批评的自由，有发表自己的意见、坚持自己的意见和保持自己的意见的自由。正常的学术批评和讨论，应该是讲理的、实事求是的，必须反对简单粗暴的行政命令方式，反对乱抓辫子、乱扣帽子、乱打棍子，反对将学术问题与政治问题等同起来。党领导文化建设的实践证明，什么时候坚持了这一方针，文化就大发展、大繁荣，什么时候违背了这一方针，就万马齐喑、百花凋零。

（三）坚持弘扬主旋律、提倡多样化的方针，促进社会主义新农村文化的繁荣

20世纪90年代以后，为适应文化的日益繁荣和文化多样性的日益发展，我们党对我国社会主义文化事业的任务和要求作了深入的探讨和阐述，特别是对“双百”方针作了深化和补充，提出了“弘扬主旋律、提倡多样化”的方针。弘扬主旋律的本质是在建设中国特色社会主义理论和党的基本路线指导下，大力倡导一切有利于发扬爱国主义、集体主义、社会主义的思想和精神，大力倡导一切有利于改革开放和现代化建设的思想和精神，大力倡导一切有利于民族团结、社会进步、人民幸福的思想和精神，大力倡导一切用诚实劳动争取美好生活的思想和精神。弘扬主旋律是发展宣传文化事业、繁荣社会主义文化市场的主题。可见，弘扬主旋律，提倡多样化是对“双百”方针的坚持、丰富和发展。我们要弘扬主旋律，提倡多样化，特别要提倡和鼓励创作出一批反映社会主义现代化建设时代风貌、鼓舞人们奋发向上的作品，把最美的精神食粮奉献给人民。主旋律唱响了，主动仗打好了，就能在全社会形成和发展积极向上的舆论环境，使科学理论和正确思想在社会生活中发挥主导作用，使广大干部群众保持良好的精神面貌，不断巩固和发展全国各族人民团结奋斗的共同思想基础。

构建社会主义新农村文化，必须坚持社会主义先进文化的前进方向，坚持马克思主义在意识形态领域的指导地位，勇于创新、大胆实践，树立新的文化发展观；坚持优化资源配置，强化资源整合，

凝聚各方面力量，形成合力；坚持实施项目带动，大力培育文化精品品牌；坚持开发与保护并举，实现可持续发展。

二、社会主义新农村文化构建的基本原则

我们建设的农村文化是中国特色社会主义新农村文化，应顺应时代发展需要，朝着符合绝大多数农民根本利益的方向，坚持以下基本原则。

（一）以人为本原则

以人为本，就是指通过发展实现人的价值、表现人的尊严、体现人性的关怀。具体地说，以人为本就是：一要不断满足人民群众物质文化生活的需要，不断提高生活水平，让发展的成果惠及全体人民；二要尊重和保障人权，切实保障人民群众的经济、政治和文化权益；三要不断提高人们的思想道德素质、科学文化素质和健康素质；四要创造人民平等发展、充分发挥聪明才智的社会环境。

社会主义新农村文化的构建面向基层、面向群众，坚持以人为本，贯彻落实科学发展观，是提高农民群众生活质量、实现和保障农民基本文化权益的必然要求。要积极构建布局合理、设施完善、功能齐全、服务方便的公共文化服务体系，实现工作重点下移、文化资源下移和文化服务下移，进一步活跃基层农民群众的精神文化生活。

（二）多予、少取、放活原则

“多予、少取、放活”是中央提出的建设社会主义新农村的战略决策，也是社会主义新农村文化构建应坚持的主要原则之一。社会主义新农村文化构建的“多予”，就是要加大对农村文化建设的投入，加强农村公共文化基础设施建设，建立健全社会主义新农村文化发展文化权益的保障体系，巩固和壮大社会主义新农村文化发展的组织基础。社会主义新农村文化构建的“少取”，就是要在巩

固现有成果的基础上，不要做加重农民负担、损害农民利益的事，要创造条件最终实现城乡文化权益的统一。社会主义新农村文化构建的“放活”，就是要为农村文化松绑，消除体制束缚和政策障碍，解放文化生产力，在政府主导和市场机制的双重作用下，激发全社会、各方面参与社会主义新农村文化构建的积极性，发挥农民创造新文化的主动性。

（三）地域特色原则

地域特色原则是指在进行社会主义新农村文化构建过程中，要根据当地农村独具特色的地域文化特征，因地制宜，探索适合本地农村文化发展的路子，不要不切实际地照搬照套，采取同一种模式。

中国是一个农业大国，由于各个村落分布区域的不同而具有独特的自然环境和人文环境，尤其在文化方面，已形成独具特色的地域文化。遵循地域特色原则，就要挖掘和展示地方特色，打造具有地方特色的文化品牌，发展富有浓郁地方特色和蓬勃活力的内生型文化，推进社会主义新农村文化构建不断发展。

三、社会主义新农村文化构建的基本规律

我们党在发展农村文化的历史过程中积累了许多宝贵的经验，这些经验经受了长期实践的检验，已上升为如何发展农村文化的规律性认识。发现规律，进而利用规律，促进文化繁荣，促进农村社会发展。

（一）阶段性与长期性相统一的规律

文化自身发展的渐进性，决定了文化建设不可能一蹴而就。在当前农村文化建设中我们反对追求即时效应——做表面文章，做政绩工程。文化理论的改革发展是文化发展繁荣的前提。理论导向不正确，文化建设就死气沉沉；理论正确，意识形态和文化建设就充满生机活力。实践证明，文化建设不能搞一阵风，搞短、平、快，

搞文化“大跃进”，而要在遵循文化发展规律的基础上稳步推进。文化发展和经济发展是相互作用和相互转化的，循环反复，螺旋上升，存在阶段性和长期性的特点。新农村建设必须坚持阶段性与长期性相统一的规律。在一个地方，农村经济与农村文化是相互交融，相互促进的。有农村经济就有农村文化，没有农村文化的不断繁荣，也就不可能有农村经济的可持续发展。文化经济化，经济文化化，文化经济一体化，显然已经成为一种时代潮流。农村经济发展有阶段性和长期性目标，新农村文化构建也概莫能外。中共中央办公厅、国务院办公厅《关于进一步加强农村文化建设的意见》规定：“到2010 年，实现县有文化馆、图书馆，乡镇有文化站，行政村有文化活动室。县文化馆要具备综合性功能，图书馆要加强数字化建设。乡镇可结合乡镇机构改革和站（所）整合，组建集图书阅读、广播影视、宣传教育、文化演出、科技推广、科普培训、体育和青少年校外活动等于一体的综合性文化站，配备专职人员管理。村文化活动室可‘一室多用’，明确由一名村干部具体负责。”这个文件比较全面地规划了农村文化建设在 2010 年前这一阶段的奋斗目标。中新社 2007 年 7 月 11 日报道，中国还有 159 个县没有图书馆，628 个图书馆全年没有一分钱购书费。据文化部 2009 年的最新统计结果，2008 年全国34 304个乡镇中的 2. 64% 即 91 个乡镇没有乡镇综合文化站。因此，阶段性目标也存在极大的困难和挑战。“十一五”期间，实施乡镇综合文化站建设规划，国家通过转移支付 39. 48 亿元，新建和扩建 2. 67 万个农村乡镇综合文化站，到 2010 年，将实现“乡乡有综合文化站”的建设目标。

建设社会主义新农村，是一项长期的历史任务，实现这一宏伟目标，对于全面建设小康社会具有重要的战略意义。而新农村文化构建是一项涉及经济建设、民主建设、和谐社会建设的综合工程，更是一项长期的工作任务。

2007 年 8 月，中共中央办公厅、国务院办公厅下发了《关于加强公共文化服务体系建设的若干意见》，提出了包括农家书屋工程建设在内的公共文化服务体系建设的指导意见。“十一五”时期既是农家书屋工程建设的初始阶段，也是农家书屋工程建设的一个关键时期。我们既要完成 2010 年底建立 20 万个农家书屋的目标，又要为实现 2015 年农家书屋基本覆盖全国所有行政村的宏伟蓝图奠定坚实的基础。因此必须坚持阶段性与长期性相统一的规律，详细规划，落实部署；立足当前，着眼长远；健全机制，加大力度，推动新农村文化构建朝着前进的方向，不断迈上新的台阶，谱写新的篇章。各级文化部门必须坚持把工作重点放在基层，放在农村，着重抓好基本阵地、队伍、内容和方式“四基”建设，实现工作重心、资源和服务向农村的“三个下移”，在政策、资金、人才等方面加大对农村文化建设的扶持。2007 年文化部发布了关于印发《文化标准化中长期发展规划（2007—2020）》的通知，其主要目标和任务是：要在 2010 年以前初步建立起文化领域标准体系，开展文化标准化理论研究，完成部分安全标准、基础标准和行业急需标准的制（修）订。2020 年以前，建立起较为完善的标准体系，取得一批文化标准化理论研究重大成果，完成主要标准的制（修）订工作。文件体现了阶段性目标和长期性目标的统一。

（二）传承和创新相统一的规律

创新是发展的不竭源泉，不断传承和创新是文化力的本质要求和核心体现，经济社会的创新发展首先取决于文化的创新与发展。人类从类人猿到人，文化的传承和创新是关键。当人的实践经验不断转化为间接形态的知识时，又通过教育塑造人，使人类的智慧实现了一次又一次的发展和升华。新农村文化构建表现为既能吸收传统文化的精华，又能根据时代发展的要求创造出新的知识。正因为有了文化的存在，人类社会才有了不断的进步和发展，而且呈现出一种良性的递进状态。

第一，推进文化创新。文化创新是指知识、制度和观念复合体的创新。必须建设国家文化创新基地，建立国家文化创新体系，提升国家文化创新能力。文化创新是文化要素的创造、选择、传播和退出交互进行的复合过程。文化创新的内涵丰富，如文化要素、文化内涵、文化内容、文化形式、文化知识、文化制度、文化观念、文化商品、文化服务、文化体系和文化生活的创新等。要协调推进网络文化创新、生态文化创新、工业文化创新、和谐文化创新、知识文化创新和民族文化创新。

新农村文化构建只有紧跟时代发展，勇于在内容形式、体制机制、表现手段上不断创新，才能创造出新的文化成果，推动新农村文化的发展繁荣。

首先，内容形式创新是文化创新的核心。“内容为神”，农村文化的内容如何，始终是最关键的因素。必须进一步把握农村文化产品创新的重点内容，加强对现实题材文化产品的创作。同时努力打造传承历史优秀文化传统和美德、具有新的时代内涵的文化产品。内容创新的同时要注重形式创新，采用不同风格、不同流派、不同审美倾向的形式创新，开发出更多农村文化产品。另外，在表现形式上进行“古为今用，洋为中用”的改造创新，也比较容易产生满意效果。

其次，手段和方式的创新是文化创新的重要方法。文化作品的同一主题内容，也可以尝试通过不同的文化载体（如广播、电影、歌舞、戏剧等）、文化方式（如说、弹、唱、演等）、文化手段（如送戏、送书、送演等）来表现。把握分寸，掌握火候，调整风格，注意尺度，同类主题作品也能获得新的生命力和表现力。

再次，还可通过现代科技手段的互动和融合，使文化作品的生产、制作和传播更加多样化，更加现代化，更加时尚化，将大幅提高文化产品和文化服务的表现力和感召力。如果重视文化载体、文化方式、文化传播手段的利用和开发，那么文化发展将获得新的活力和张力。现代文化追求大时空、强刺激、新感觉、新享受，这些需要高新技术来支撑。同时，充分运用高新技术，也能催生出新的文化形态和文化作品，文化创新是适应社会实践的需要发展先进文化，更好地为社会实践服务。推动社会实践发展，促进人的全面发展，是文化创新的根本目的，文化创新能够促进民族文化的繁荣。只有在实践中不断创新，传统文化才能焕发新的生机活力，新农村文化才能充满活力、日益丰富。

第二，推进文化传承。优秀传统文化是一个民族的精神内核，是一个民族的灵魂血脉，是一个民族的永久记忆。优秀传统文化随着历史的发展历久弥新，始终保存着祖先遗留的文化基因和文化特征。在当今时代，各种文化思想相互交流、激荡、竞争日趋激烈的形势下，丢弃传统文化必将导致严重后果。文化传承是对传统文化有所淘汰、有所发扬，从而使传统文化得到发展。同时，又不断摒除陈旧的、过时的文化，推出体现时代精神的新文化。文化传承就是在继承的基础上发展，在发展的过程中继承。

文化传承和文化创新同样重要。一方面，不能离开传统，空谈文化创新。如果漠视对传统文化的批判传承，民族文化的创新就会失去根基，变成无源之水、无本之木。另一方面，要体现时代精神，是文化创新的重要追求。文化创新，表现在为传统文化注入时代精神、时代元素、时代风尚的努力中。文化传承和文化创新是相辅相成、不可分割的整体。文化传承和文化创新相统一的规律贯穿各个历史时期，并始终对文化的发展发挥着作用。

构建社会主义新农村文化，必须立足实际，尊重传统，注重传统文化因素在社会主义新农村文化中的精神传承作用。在全球化的潮流中，处理文化传承与文化创新的关系显得尤为重要。根据当前各自的发展水平、生存需要选择原有文化精华部分进行传承，是对原有文化的选择吸收与能动性扬弃，并非对原有文化不加选择地继承，但不能说文化传承具有文化创造性。《国家“十一五”时期文化发展纲要》（以下简称《纲要》）对传统文化的传承和保护给予了高度重视。《纲要》在序言中指出：“五千年悠久灿烂的中华文化为人类文明进步作出了巨大贡献，是中华民族生生不息、国脉传承的精神纽带，是中华民族面临严峻挑战以及各种复杂环境屹立不倒、历经劫难而百折不挠的力量源泉。”传承文化必须尊重传统，尊重传统是为了文化创新。《纲要》明确将“以爱国主义为核心的民族精神”和“以改革创新为核心的时代精神”并列起来加以弘扬。《纲要》强调“坚持继承和弘扬优秀民族文化传统，吸收和借鉴世界各国优秀文化成果，始终把文化创新作为文化发展的战略基点和前进动力”。文化传承的内涵包括传统文化的鉴别、保护、传承和民族文化的塑造等，具有系统工程的性质和特点。其基本目标是：在2020年左右完成传统文化的整理和鉴别，明确文化遗产保护、民族文化传承和民族文化塑造的主要目标；在2050年前完成文化遗产保护、民族文化传承和民族文化塑造目标，文化遗产保护达到世界先进水平，建设文化资源强国。

（三）服务性与产业化相统一的规律

文化事业是以继承和弘扬优秀传统文化、吸收和同化优秀域外文化，提高人们的审美水平、思想道德素养和文化知识素质，净化社会风气、稳定社会秩序、规范社会行为和形成良好的价值取向为目的，以为人的全面发展和社会全面进步提供精神动力和智力支持的文化建设。文化权益是群众的基本权益。要坚持把发展公益性、服务性文化事业作为保障人民群众基本文化权益的主要途径。要满足群众的精神文化生活需求，就要大力促进服务性文化事业建设。途径之一是通过公共文化服务来满足，途径之二是通过文化市场来满足。公益服务性文化事业对满足人们精神文化生活需求具有基础性、根本性的作用。新农村文化的大发展、大繁荣必须构建起完善发达的农村公共文化服务体系，使农村人口享有充分的文化权益。发展公益服务性文化事业要通过增加投入、转换机制、增强活力、改善服务来实现，才能解决好农民自娱自乐、自我教育的问题，来实现和保障广大农民群众基本文化权益。发展农村服务性文化事业，要加强乡镇综合文化站、村文化活动室（场）和农村图书网点等农村文化阵地和基础设施建设，积极实施广播电视“村村通”二期工程、农村电影数字化放映“2131”工程，文化信息资源共享工程，努力促进服务“三农”的重点出版物出版发行，切实解决农村长期存在的看书难、看戏难、看电影难、收听收看广播电视难等问题。支持农民群众兴办农民书社、电影放映队，大力扶持民间职业剧团和农村业余剧团的发展。着力培育民间艺人、文化中心户、群众文化活动会所、民间文艺团体、民族民间艺术之乡，鼓励、激发农村本土文化的繁荣发展。服务性文化事业的发展既要积极探索、勇于创新，又要细致稳妥、有序推进，确保党对文化事业的领导，确保正确导向，确保文化领域的宏观控制能力。支持和保障文化服务性事业，鼓励增强自身发展活力。新闻出版、广播影视、文化演出等要满足人民日益增长的文化需求。公益性、服务性文化事业在保障人民群众文化权益方面应该唱主角，公益应当“益公”，服务应当“服人”，其设施、活动应当让群众享用，不宜采取经营性的运作方式，办成赢利性的产业。如果服务性文化事业产业化，困难群体的文化权益就无法保证。要通过关心农村、贫困地区农民群众的文化生活，满足其看电视、听广播、读书看报、参加公众文化活动等方面的需求。人不能吃饱穿暖就够了，还应有基本的文化生活。“文化贫困”是贫困的一种，它不仅指知识贫乏，更指某一群体、家庭或个体在知识水平、思维方式、科技修养、思想道德素质、心理素质、主体性以及行为趋势上落后于社会经济的发展，从而影响到自身的生存和发展，它是文化权益、文化利益分配、享用不均等、不健康的反映。不仅服务性文化要提供基本的文化产品和文化服务，而且要通过市场主导大力发展文化产业，满足不同群体多层次、多样化的文化消费倾向和需求。

文化产业化是指文化生产、文化产品和文化消费直接进入市场，按照经济法则和价值规律组织规模化生产，以发展经济、赢利为目的文化经济形态。以前由于我们忽视了文化的经济功能，纯粹以社会公益性投入建设文化，结果根本无法满足人们日益增长的精神文化需求，文化生活单调乏味。而文化产业依托人的文化消费需求，以市场法则运作，在政府的相关政策、体制、机制引导下，推动文化生产、文化产品进入消费环节，形成文化市场，有效地弥补了文化投入的局限性，拓展了文化建设的发展空间。同时，通过满足消费群体对情感愉悦的需求，又获取了经济利润。

完善文化产业政策，促进文化产业化发展，增强我国文化产业的整体实力和竞争力。一要抓文化产业项目，实施重大文化产业项目带动战略。根据资源情况，推出一批有震撼力、有辐射带动作用的重大文化产业项目，如有特色的项目、有规模的项目、有自主创新和技术含量的项目等，可享受一定数量的政府投资，得到重点扶持。二要抓文化产业集群建设。所谓文化产业集群亦称“文化产业集聚”、“文化产业园区”，是指众多相互关联的文化企业或机构共处一个文化区域，形成产业组合、互补与合作，以产生孵化效应和整体辐射力的文化企业群落或产业集聚。它包括了创意主体、制作主体、传播主体、服务主体、延伸主体五大主体和核心集群、外围集群、边缘集群三大产业集群。其中，核心产业集群主要包括新闻出版业、广播电视业、电影业、娱乐业、艺术业、广告业等六大产业。要加快文化产业基地和区域性特色文化产业群的建设。发展文化产业要集结精英，集中精力，抓好文化产业的重点企业和文化产业基地建设。文化产业集群代表着文化产业做大做强，实现大发展、大繁荣的趋势和走向。文化产业要上新规模、新台阶，必须向产业集群方向发展。使一些新的文化业态和新兴文化应运而生，如数字内容产业、创意产业、版权产业、文化旅游产业等。

坚持服务性与产业化相统一的规律，推进新农村文化构建，尽快在观念上实现“四个转变”：从只抓文化事业转变到一手抓公益文化事业，一手抓经营性文化产业上来；从只片面强调文化产品的意识形态属性转变到既讲文化意识形态属性，又讲文化的产业商品属性上来；从只重视文化的社会效益，忽视文化的经济效益，转变到把文化的社会效益放在首位，坚持文化的社会效益与经济效益相统一上来；从“文化只是文化”的“小文化”观念转变到“文化也是经济”的“大文化”观念上来。先进文化不仅是精神食粮，而且正在创造经济神话。政治要进步，社会要和谐，文化是灵魂。文化发展必须全面统筹城市文化和农村文化、文化事业和文化产业、文化硬件和文化软件、文化产品数量与质量等多重关系，最主要的是坚持文化的服务性与产业化相统一的规律，推动新农村文化的大发展、大繁荣。

第三节 社会主义新农村文化构建的价值追求

“价值”概念广泛地应用于经济学、伦理学、美学、认识论以及其他社会科学或人文科学，它在这些不同的知识领域中，具有不尽相同的含义。本书所论“价值”主要是从主体的需要和客体能否满足及如何满足主体需要的角度，考察和评价各种物质的、精神的现象及人们的行为对个人、阶级、社会的意义。某一事物或现象具有价值，就是该事物或现象对个人、阶级或社会具有积极意义，能满足人们的某种需要，成为人们的兴趣、目的所追求的对象。价值是通过人们的社会实践实现的。人们社会生活的需要、兴趣和目的是多方面的，所追求的价值也是多方面的。社会主义新农村文化的构建，就是重构这一价值观体系。社会主义新农村文化构建的价值追求，总的来说，就是建设社会主义新农村，培养社会主义新型农民，培育社会主义新风尚，促进社会主义新农村的整体和谐发展。

一、价值追求之一：建设社会主义新农村

社会主义新农村建设是一个完整的、系统的概念，不是只强调农村某一方面的建设。党的十六届五中全会对新农村建设进行了规划，新农村建设的内容就是“生产发展、生活宽裕、乡风文明、村容整洁、管理民主”[①]。这个概念既涉及农民收入的增加、生活质量的提高，也涉及农村整体面貌、环境的变化，还涉及农民素质的提

---

① 中共中央关于制定国民经济和社会发展第十一个五年规划的建议［EB/OL］. http://baike. baidu. com/view/2668684. htm? fr = alao_ 1，2005 - 10 - 11.

高和农村的管理、民主政治的推进问题，是一个内涵非常丰富的综合性概念。

（一）农村文化建设落后于新农村建设的发展

随着经济快速发展和物质生活水平日益提高，农村文化建设与新农村建设的矛盾已越来越明显，越来越突出。这种矛盾突出地表现在：与快速推进的新农村建设相比，农村文化发展落后于农村经济发展，农村文化建设落后于新农村建设，与建设社会主义新农村的目标不相适应。在我国全面建设小康社会的关键时期，农村文化建设已经成为新农村建设中的一大“瓶颈”，农村文化贫困已经成为新农村建设的一大难题。文化建设对新农村建设的作用力，既表现为正向推动功能的一面，也有表现为反向制约功能的一面。换句话说，先进的农村文化可以促进新农村建设，落后的农村文化则会阻碍新农村建设。当前的农村文化建设，就是要发挥先进农村文化的积极的、正向的推动功能，促进社会主义新农村的发展。只有大力发展农村先进文化，才能进一步推进社会主义新农村建设。

（二）构建社会主义新农村文化是社会主义新农村建设的应有之义

从一定意义上说，社会主义新农村文化构建与社会主义新农村建设是一个同步发展、相互依存、相互促进的历史进程。要正确理解、科学看待社会主义新农村文化构建与社会主义新农村建设之间的关系，既不能把社会主义新农村文化构建简单理解为是社会主义新农村建设的一项单项工作，也不能把社会主义新农村文化构建理解为是社会主义新农村建设的一个子课题。社会主义新农村文化构建是新农村建设必不可少的重要内容。社会主义新农村建设是我国现代化进程中的重大历史任务，是一项宏大的社会系统工程，涉及农村经济、政治、文化、社会事业和基础设施建设等方面，需要农村经济建设、政治建设、文化建设和和谐社会建设共同推进。社会主义新农村建设“生产发展、生活宽裕、乡风文明、村容整洁、管理民主”的二十字方针中“乡风文明”就属于文化建设的范畴。“乡风文明”是社会主义新农村建设的目标要求之一，这充分体现了在建设社会主义新农村过程中农村文化建设的重要性。没有先进文化，就等于没有了灵魂的依托，也就失去了凝聚力和生命力。加强农村文化建设既是建设社会主义新农村的客观要求，也是加快我国改革开放和现代化建设进程的迫切需要，更是提高农村社会主义精神文明建设整体水平的需要。“社会主义新农村文化”是一个全方位的文化命题，构筑新型、健康的农村文化，是社会主义新农村建设的重要内容，构筑新型、健康的社会主义新农村文化，是建设社会主义新农村的应有之义。

（三）新农村建设需要社会主义新农村文化的参与和支撑

文化作为上层建筑，既是农村发展水平的一个标志，也是建设新农村的必要动力。建设社会主义新农村，文化因素涉及方方面面，影响和制约着新农村经济、政治、社会等各方面的建设和发展。新农村文化建设，关系着新农村政治民主、经济发展、精神文明等各方面的发展。文化能凝聚、整合、同化、规范社会群体行为和心理，是凝聚社会的黏合剂。要大力发展农村先进文化、支持健康文化、改造落后文化、抵制腐朽文化，促进农村物质文明、政治文明、精神文明的协调发展。要将文化建设融入新农村建设之中，以文化事业的发展为新农村建设注入生机和活力，提供文化支撑和智力支持。只有这样才能提高新农村建设的综合水平，农村的发展才有希望。没有社会主义新农村文化的铺垫，就没有和谐新农村的根基。总之“生产发展、生活宽裕、乡风文明、村容整洁、管理民主”的社会主义新农村建设，离不开社会主义新农村文化的参与和支撑。

二、价值追求之二：培养社会主义新型农民

随着农村改革的深入发展，农业和教育部门都明确提出要培养、造就一代有文化、懂技术、善经营、会管理的新型农民。这就对新型农民提出了两个方面的要求：一方面是文化方面的要求，既具有一定的文化基础知识，又具有发展农业生产、实现发家致富的实用技术，如要科学种田，提高产量品质，懂现代科学技术。另一方面是能力上的要求，新型农民要适应市场经济发展的需要，具备市场经济的知识，比如怎么适应市场需要，怎么了解市场信息，怎么跟市场沟通，怎么进行流通领域的管理，你得有这些知识。

（一）培养社会主义新型农民是建设社会主义新农村文化的价值追求

农民的文化素质、技术能力和思想道德水平，直接决定新农村建设的成败和新农村建设的兴衰。可以说，没有新型农民就没有新农村。由于自然、历史等方面的原因，农村社会发展程度低，经济文化落后，民族宗教矛盾复杂，思想观念相对落后、保守，相当一部分农民安于现状、不思进取，“等、靠、要”思想严重。因此要加强集体主义思想教育，形成平等、团结、互助和合作的风尚，形成个人家庭利益服从集体利益、局部利益服从整体利益、暂时利益服从长远利益的风尚，让农民群众围绕共同的新农村建设目标而奋斗。

（二）培养社会主义新型农民需要社会主义新农村文化提供精神支撑

社会主义新农村文化能够为实现小康目标和培养新型农民提供强大精神支撑。全面实现小康社会要让农民有安全感、身心愉快，同时要实现人文关怀和文化底蕴积淀与弘扬。农村社会是否和谐，在很大程度上取决于全体农民是否有一个强大的精神支撑——共同

的理想信念。而社会主义新农村文化建设就是培养新型农民确立共同的理想信念，形成联系各种社会群体，使之成为超越具体利益关系而各尽所能、各得其所、和谐相处的精神纽带。

社会主义新农村文化能够为抵御腐朽落后文化和造就新型农民提供重要手段。如果我们不去普及健康的文化意识，那么腐朽落后的思想文化就会产生。无产阶级思想不去占领，非无产阶级思想必然去占领；马克思主义不去占领，非马克思主义、反马克思主义的东西必然会去占领。

社会主义新农村文化能够为农民开阔视野和实现信息畅通奠定基础。农村的城镇化建设，不能仅仅以建有多少新村、多少别墅、多少公路为硬性标准，更要以提供给农民丰富的科学文化知识，培养农民良好的生活理念、习惯，提高人的精神品质为最终目的。我们要清醒地认识到经济发展以后，精神文明和文化建设应该要跟上节奏，与经济发展互相支持这个道理。比如组织“文化下乡”，利用农村文化节开展既有传统的农村文艺又有新颖的现代文艺的文艺活动，就体现了这个道理。

社会主义新农村文化能够为巩固文化阵地和开展文化活动提供重要舞台。文化设施是开展农村新文化活动的载体，是农村文化事业发展的重要标志。抓住县级图书馆、文化馆和乡镇文化站及村文化室这个新农村基层重要的文化工作网络和文化活动阵地，把“两馆一站一室”建设列入当地的经济和社会发展总体规划，列入小康目标。通过引导、扶持和组织区域性的民族民间文化活动，对农民进行爱国主义、集体主义、社会主义的教育，倡导健康文明的生活方式和社会风尚。

社会主义新农村文化能够为提高农民文化素质和技术水平提供帮助。建设农村新文化，可以让村民成为知书、识礼、诚信的新一代农民。应顺应民意，建好阵地，引导农民追求文明健康的文化生活。可以开展篮球、乒乓球、秧歌、腰鼓、龙舞、戏曲表演等文体活动，这些活动不仅能陶冶农民的情操，也提升他们的生活品质。

（三）培养社会主义新型农民需要社会主义新农村文化提供思想支持

提高农民思想道德素质需要社会主义新农村文化的支持。由于受自身生产生活环境、民族文化习俗、地域地理地貌，生产生活方式等因素的制约，农民群众看待问题、处理问题、接受问题普遍存在目光短浅，狭隘自私，固执保守，封闭落后，墨守成规等缺陷，已成为农村经济、社会向前发展的绊脚石。要深入开展社会公德、职业道德和家庭美德教育，增强农民群众的道德意识，在农村努力形成团结互助、扶贫济困、平等友爱、融洽和谐的道德风尚。当前，要重点井展社会主义荣辱观的教育，引导广大农民群众把道德规范、道德原则转化为道德实践，不断改变传统封闭的生产生活方式和各种陈规陋习，破除封建迷信，养成良好行为习惯。

提高农民文化素质需要社会主义新农村文化的支持。在新农村建设中优先考虑，要把加强农民的教育培训放在战略地位的高度，作为治本之策。要通过多渠道、多层次、多形式的教育和培训，着力培养和建设“五支”队伍，即新农村的带头人队伍、农民技术队伍、骨干农民队伍、农民企业家队伍和能工巧匠队伍，培养他们带头致富和带领农民共同致富的能力，使他们成为建设社会主义新农村的带头人和发展现代农业的骨干力量。

提高农民的科技素质需要社会主义新农村文化的支持。要通过农村培训人才工程，培养出一批又一批的生产能手、能工巧匠、经营能人和农村科技人员，让每个农民掌握一至两门实用新技术。近几年来农村劳动力转移的实践证明，农村劳动力转移本身就是一种培训。一方面，进城务工的农民通过劳务实践，经历工业文明和城市文明的熏陶，更新了观念，开阔了视野，增长了见识，学会了很多实用技术。另一方面，一部分务工农民还学到了现代企业的经营管理经验，掌握了技术，积累了资金，并返乡创办了经济实体，引导劳动力向二、三产业转移，为农村经济发展注入了新的活力。因此，劳动力转移成了提高劳动者科技素质的便捷渠道。

提高农民的民主法制素质需要社会主义新农村文化的支持。农村法制建设的现状是法制观念淡薄、办事不论法、处理邻里纠纷不讲法、解决生产生活矛盾不依法、自己做事不懂法。在新农村建设中必须高度重视，认真解决这类问题。健全村级党组织领导的充满活力的村民自治机制，完善党务、村务、财务公开制度，扩大基层民主，让农民群众真正享有知情权、参与权、管理权和监督权，切实完善村民“一事一议”制度，确保广大农民群众依法行使当家作主的权利；引导农民群众自主开展农村公益性设施建设，自觉地参与村民自治和基层民主政治建设；深入开展法制宣传教育，通过举办法制讲座、法律咨询等形式的教育，使农民牢固树立法制观念，提高依法行使权利和履行义务的自觉性，不断增强广大农民群众的法律意识；加强农村社会综合治理力度，妥善处理农村各种社会矛盾，努力营造安定祥和、安居乐业的农村社会环境。

三、价值追求之三：培育社会主义新风尚

目前对社会主义新风尚这一概念还没有形成统一的标准，使用比较多的是“团结互助、扶贫济困、平等友爱、融洽和谐、健康文明的新风尚”。培育社会主义新农村新风尚是社会主义新农村文化构建的重要追求之一。乡风文明是建设新农村的灵魂，要广泛开展农村精神文明创建活动，展现社会主义新农村新气象。要立足提高农民文明素质和农村文明程度，广泛开展文明创建活动，推进和谐家庭建设，倡导相互体贴关爱的和谐新风，进而树立正确的道德观念，养成良好的道德行为，形成团结互助、扶贫济困、平等友爱、融洽和谐、健康文明的社会主义农村新风尚。

（一）社会主义新农村新风尚的主要内容

在建设社会主义新农村的伟大历史征程中，既要大力发展农村经济，积极促进农业生产方式的现代化，又要与时俱进地推动农民生活方式和价值观念的转变，努力培育文明向上的社会风尚，为新农村建设提供强大的精神动力和思想保证。

塑造社会主义农村新乡风。乡风文明是建设新农村的灵魂。我国的文明乡风源远流长，但是，目前农村中传统陋习依然广泛存在，迷信风、赌博风等有死灰复燃之势，与健康文明乡风的要求格格不入。

弘扬社会主义农村新道德。要结合农村实际，积极倡导社会主义荣辱观，要大力弘扬以爱国主义为核心的民族精神和以改革创新为核心的时代精神。

展现社会主义农村新气象。要立足提高农民文明素质和农村文明程度，广泛开展讲文明、讲科学、讲卫生、树新风活动，推进和谐家庭、和谐村组、和谐村镇等多层次多样化的创建活动，倡导相互体贴关爱的和谐新风。

培养社会主义农村新习惯。要改善农村生态环境、人居环境，打造拥有新房舍、新设施、新环境、新风尚、新秩序的农村新面貌。要加强乡村政府卫生管理职能，建立村庄卫生管理机构，开展各种形式的文明健康教育活动，使科学健康的生活方式深入人心。

（二）营造社会主义新农村新风尚的良好氛围

注重在为民办实事中教育农民。在推进硬件建设的同时，注重培养和提升农民的思想道德和文明素质。如在村庄整治中，引导和帮助农民群众解决住宅与畜禽圈舍混杂问题。搞好农村污水、垃圾治理，改善卫生条件，保护生态环境。

开展城乡结对共建文明活动。顺应农村社会价值观日趋多元化的趋势，用以城带乡的机制，推动城市现代文明加快向农村传播，推动现代文明生活方式对农民传统生活方式的改造，树立农村新风尚。组织城市机关、学校、企事业单位支持农村精神文明建设，不断扩大城乡共建的参与面和覆盖面。

引导教育农民移风易俗，树立健康文明的新风尚。社会发展规律告诉我们，农民的文明程度，是农村经济、文化、社会、政治进步程度的重要标志。应该说，当前农村不文明现象仍然十分突出。农村社会风气的转变，要坚持以正面引导为主。要继续深入开展移风易俗活动，引导农民破除封建迷信，改变乱建坟墓、庙宇、红白喜事大操大办、铺张浪费的陋习，形成勤劳致富、勤俭持家，崇尚科学、优生优育，孝敬父母、男女平等，家庭和睦、邻里团结，社会秩序稳定的好风尚。

（三）大力培育社会主义新农村新风尚

加强培养社会主义新农村新风尚，要着力提升农村文明程度，促进农村社会和谐，贴近实际、贴近生活、贴近群众，创新内容、创新形式、创新手段，为建设社会主义新农村打牢思想基础，营造和谐舆论环境，提供强大精神动力，培育文明道德风尚，创造良好文化条件。

努力推进农村思想道德建设。思想道德建设集中体现着社会主义先进文化的性质和方向，是农村精神文明建设的核心内容和中心环节。要坚持从农村和农民实际出发，坚持不懈地进行党的基本理论、基本路线、基本纲领教育，进行爱国主义、集体主义、社会主义教育，进行正确的世界观、人生观、价值观教育，进行社会主义荣辱观教育，引导农民群众坚定走社会主义道路的理想信念。

积极发展农村群众文化。农村群众文化活动普及性强，参与面广，是满足农民群众精神文化需求的重要途径。培育内容要积极健康、形式丰富多彩、风格清新质朴，具有浓厚乡土气息的农村群众文化。鼓励各种形式的农民自办文化，培养一批文化中心户、文化大院，组建一批农民书社、电影放映队，扶持一批民间职业剧团、农村业余剧团，支持他们扎根民间、深入农村、服务农民，传承民间艺术，传播有益文化。鼓励城市专业文艺机构、表演团体等积极组织各种小分队下乡演出，把多姿多彩的文化产品和文化服务送到农村，把欢乐送给千家万户、送给农民群众。

广泛开展农村精神文明创建活动。农村精神文明创建活动，是农民群众移风易俗、改造社会、建设美好生活的伟大创造。开展创建各种形式的文明户、文明村、文明企业、文明市场、文明城镇活动，巩固、发展多层次、多样化的农村精神文明创建工作格局，引导和帮助农民群众走生产发展、生活富裕、生态良好的文明发展之路。

社会主义新农村公共文化服务体系的构建

保证农民共享社会文化发展成果的农村文化建设是社会建设的重要内容。随着科学发展观和构建社会主义和谐社会等一系列指导思想的日益成熟以及建设社会主义新农村与解放文化生产力等相关政策的陆续出台，作为公共文化体系中最薄弱的环节，社会主义新农村建设背景下的农村公共文化服务体系建设，已经成为实现全面建设小康社会战略目标的关键环节，成为一个重要的、必须被广泛关注的民权和民生议题。

第一节　社会主义新农村公共文化服务体系的建设背景和现状

一、社会主义新农村公共文化服务体系的建设背景

（一）公共文化服务的概念、政策和理论

农村公共文化服务体系是指由政府主导，以农民为主体，社会共同参与，主要着眼于农村社会效益，以推进农村文化设施和服务网络建设为依托，加大文化资源向农村倾斜，以建立农村公共

文化建设长效机制等为主要内容，为农村提供非营利性的公共文化产品和服务的总称。其基本内涵包括满足农村公民公共文化需求，保障农村公民基本文化权利的公共文化产品生产和服务体系。①

公共文化服务体系这一概念源自公益性文化事业。公共文化服务体系的基本内容和公益性文化事业是相同的，但两个概念的背景不同。在2000年前，我国一直都把文化领域称为文化事业。2000年，“十一五”规划中提出了“文化产业”的概念，开始将文化产业和公益性文化事业区分开来。文化事业是计划经济的产物，而公共文化服务体系则是在政府主导并提供主要公共服务的同时，在一定程度上引入市场机制，借用一些市场化的成功做法提供文化服务。2004年以后，随着政府职能转向提供公共服务的趋势，开始使用“公共文化服务体系”这一说法。此后，公共文化服务体系的构建工作引起了党和中央政府的高度关注，并制定了一系列旨在加强文化建设的政策、意见和法规，为构建公共文化服务体系提供了重要的政策依据和制度保障。②

进入社会主义新农村建设时期，政府更是从制度层面将农村文化建设提升到国家发展战略的高度。2005年10月11日通过的《中共中央关于制定国民经济和社会发展第十一个五年规划的建议》提出了“加大政府对文化事业的投入，逐步形成覆盖全社会的比较完备的公共文化服务体系”的战略规划。2005年11月7日，中共中央办公厅、国务院办公厅专门下发《关于进一步加强农村文化建设的意见》（中办发［2005］27号文件），要求经过5年的努力，基

---

① 史大波．如何加强社会主义新农村公共文化服务体系建设［J］．民营科技，2009（1）．

② 公共文化服务体系建设研究需要关注的几个问题——部分社科专家座谈会综述［EB/OL］．http：//www．yinxiangcn．com/xueshu/200807/7761．html．

本形成适应社会主义市场经济体制、符合社会主义精神文明建设规律的农村文化建设新格局，并提出了农村公共文化建设和农村公共文化服务体系的重要理念及战略构想，为农村公共文化服务体系的建设提供了政策保障。特别是 2005 年 12 月 31 日出台的《中共中央、国务院关于推进社会主义新农村建设的若干意见》和 2006 年 9 月 13 日出台的《国家“十一五”时期文化发展规划纲要》，为农村公共文化服务体系的建设指明了具体的方向。对当前建设农村公共文化服务体系提出了非常具体化的指导意见，进行了全面细致的安排。2007 年 6 月 16 日，胡锦涛总书记主持召开中共中央政治局会议，专门研究公共文化服务体系建设问题，指出“加强公共文化服务体系建设，是繁荣发展社会主义先进文化、构建社会主义和谐社会的必然要求，是实现好、维护好、发展好人民群众基本文化权益的主要途径，对于促进人的全面发展、提高全民族的思想道德和科学文化素质、建设富强民主文明和谐的社会主义现代化国家，具有重大意义”。2007 年 10 月 15 日，胡锦涛总书记在党的十七大报告中提出，覆盖全社会的公共文化服务体系的基本建立是实现全面建设小康社会奋斗目标的新要求。

根据相继出台的国家政策，我们可以明确两点：一是建立公共文化服务体系是政府职能转向提供公共服务趋势下的必然要求，目的是为了满足人民群众的文化需求，保障人民文化权益。二是公共文化服务体系建设的重点是基层和农村。当前中国农村文化建设普遍滞后于经济社会发展，是整个文化建设中的薄弱环节。我国是一个农业大国，根据惯例，县以下都属于农村的范畴，农村的乡镇村组这一块，无论是地域面积还是人口数量都占据着全国绝对的大多数。依据我国几十年农村基层文化发展的经验和工作态势看，农村文化建设，关键在乡镇，重点在村组。我们应在广大的乡镇建立农村文化基地，加大乡镇农村文化基础设施建设，以乡镇为中心、以村屯为辐射，以人为本，努力构建结构合理、发展平衡、网络健全、运营高效、服务优质、覆盖农村的社会主义新农村公共文化服务体系。

（二）建立社会主义新农村公共文化服务体系的意义

建立并不断完善农村公共文化服务体系是新时期党和政府面临的一项十分紧迫的课题和任务。20 世纪 90 年代以来，“文化权利”问题在我国日益引起关注和重视，保障和实现广大人民群众充分享受文化成果的权利被视为执政党建设的重要内容。党的十六大提出了全面建设小康社会的奋斗目标，要求人民的政治、经济和文化权益得到切实的尊重和保障。当前，我国城乡公民之间的文化权益不公平现象十分突出，这种不公平现象导致了农民生存心理的严重失衡，往往成为影响社会稳定，引发治安事件的源头，成为构建和谐社会的障碍。加快建立覆盖全社会尤其是基层和农村的公共文化服务体系，是维护好、实现好、发展好人民群众基本文化权益的主要途径，反映了广大人民群众的意愿，体现了社会主义制度的优越性，对于促进人的全面发展、提高全民族的思想道德和科学文化素质、建设富强民主文明和谐的社会主义现代化国家，具有重大意义。

建立并不断完善农村公共文化服务体系是社会主义文化建设的必然要求。农村公共文化服务体系是当前开展农村文化工作最科学、最有效的平台，也是农村公共事业可持续发展的基础。只有构建好农村公共文化服务体系，才能有机地整合农村现有文化资源，最大限度地开发利用农村文化资源，才能提高农民对丰富的农村文化资源的认识，激发广大农民群众开发建设新农村文化的激情。

建立并不断完善农村公共文化服务体系是“以人为本”的科学发展观的题中之义。农村文化建设的根本目的，是满足群众日益增长的精神文化生活需要，促进人的全面发展。人的全面发展既是一个理想境界，又是一个现实的历史演进过程。农村公共文化建设的现实功能，是实现农村公民基本文化权利、提高农村公民综合素质和能力、提升农村公民精神境界和精神风貌，促进人的全面发展的重要路径。保障公民享有基本文化生活权利是宪法赋予公民的一项基本权利。农村公民应当同城市公民一样，享有公共文化服务和基本的文化生活。农村人人享有公共文化服务和基本的文化生活，也应当如同农村人人享有义务教育和初级医疗保健一样，得到切实的保障。因此，建立并不断完善农村公共文化服务体系不但是各级政府的职责和义务以及农村经济社会发展的需要，更是强调“以人为本”和“人的全面发展 ”的科学发展观的题中应有之义。

（三）农村公共文化服务体系建设的发展历程

从新中国成立后到2004年，我国农村公共文化服务网络主要是以县（区）文化馆、图书馆、青少年宫、乡镇文化站及村文化室等为主体。文化设施简陋难以承担农村公共文化服务的重任，公共文化服务、产品的供给与群众的需求严重脱节，机制僵化，服务方式单一，农村文化市场的娱乐项目和产品数量日趋萎缩，变得萧条，政府及相关部门组织的文化“三下乡”活动由于缺乏长效机制，几乎流于形式。

近年来，国家一系列的发展政策和措施极大地缓解了农村和老少边穷地区公共文化的窘困状态，使得一些已经沉入死寂状态的基层文化又一次展现了生机，农村文化建设力度不断加大，农村文化建设呈现出良好的发展势头。随着经济的发展。农村公共文化服务体系逐步完善，覆盖城乡的公共文化设施网络初步形成，农村公共文化服务能力不断增强，农村文化活动日益丰富和繁荣。

二、社会主义新农村公共文化服务体系的构建主体

社会主义新农村公共文化服务体系是由政府主导、以农民为主体、社会力量广泛参与形成的普及文化知识、传播先进文化、提供精神食粮、满足农民群众文化需求、保障农民群众文化权益的各种公益性文化机构和服务的总和。

政府是社会主义新农村公共文化服务体系建设的主导；农民是社会主义新农村公共文化服务体系建设的主体，是新农村文化建设的主要建设者和骨干力量；社会力量的参与是新农村公共文化服务体系建设力量的重要组成部分和有益补充。因此，新农村文化服务体系的责任主体除了政府，还包括农民自身和其他社会力量。要发挥不同主体的力量，形成构建农村公共文化服务体系建设的合力。

（一）政府——社会主义新农村公共文化服务体系构建的主导力量

政府是社会主义新农村公共文化服务体系构建的主导力量，这是由中国国情和政府的时代职责所决定的。

中国国情决定了政府是新农村公共文化服务体系建设的主导力量。我国目前还是一个处在现代化进程中的国家，人民群众迅速增长的文化需求，与文化产品和服务的有限供给之间存在差距的状况还将长期存在。政府在公共产品的提供、制度的创新、资金的投入方面都有着不可推卸的责任和不可替代的作用。

政府的时代职责要求也决定了政府是新农村公共文化服务体系建设的主导力量。公共事业的建设是政府的重要职责。随着政府行政理念的创新和政府职能的转变，“社会管理”、“公共服务”在政府职能定位中日益突出，基层政府尤其如此。农村公共文化服务体系作为文化领域的社会公益性服务体系，其构建是各级政府履行公共服务职能的本质要求。加强公共文化服务体系建设，是构建社会

主义和谐社会提出的基本要求，是执政为民理念的重要体现，是建设服务型政府的需要，更是各级政府部门应尽的职责和义务。各级党委、政府和有关部门要把公共文化服务体系建设作为提高党的执政能力、建设服务型政府的重要任务，按照科学发展观的要求，转换政府职能，把农村公共文化服务放在优先位置，发挥“服务者”的责任感，认真履行公共文化服务职责。把新农村公共文化服务体系构建能力作为衡量政府管理水平和能力的重要指标，进一步转变政府职能，把为农民提供更有效的公共文化服务，作为政府工作的核心内容之一。

我国农村地区情况复杂，地方差异大，政府在发挥主导力量的作用时要因地制宜，把握尺度，科学发挥。在大部分农村地区，文化基础相对薄弱，政府职能上的“缺位”多于“越位”，政府应积极发挥主导作用，积极介入文化基础设施建设、文化队伍建设和开展活动等各方面，建立健全农村公共文化服务体系，同时佐以市场服务，保障农民的文化权益，满足农民群众最基本的公共文化需求。在经济相对较富裕的农村地区，政府在发挥主导力量时应着重发挥引导作用和规范作用，要更多地考虑农民的建设者身份，释放农民创造新文化的主体性，激活农民的文化创造力。从满足农民个性化和较高层次的文化消费需求，满足农民的选择性文化需求出发，培育农民的公共精神，在政府主导和市场机制的双重作用下，充分调动各方面参与建设的积极性，特别是要让农民自愿、主动、积极地加入到新农村公共文化服务建设中来，让农民从参与公共文化服务建设致富中获得幸福感和自豪感，满足享受型文化需求。要规范农民以主体行为进行的建设和创造活动，引导主体行为更加符合科学发展观的具体要求，促进和谐新农村目标的实现。

（二）农民——社会主义新农村公共文化服务体系构建的主体力量

改革开放以来，造成农村文化建设困境的根本原因就是农民创造文化的主体力量没有得到高度重视和充分发挥。如果在社会主义新农村文化的创造上，农民成为了旁观的局外人、简单的劳动者，这种身份不但会造成农民对文化建设的冷漠，而且会使我国农村文化的发展没有了源头活水，更无中国特色可谈。

农民主体力量发挥不够的原因主要有以下几个方面：一是农民公共服务意识淡薄。一直以来，农民公共文化观念还停留在公共文化活动的参与和文化权利的享受上。作为文化活动主体，农民的自主性、寻求文化提升的文化自觉尚未真正生成。农民的公共服务意识还比较淡薄，没有公共文化大家办的观念，缺乏主体角色意识。文化建设缺乏农村群众广泛、热情的支持和参与。二是对政府主导力量的依赖。我国传统的农村公共文化服务是政府选择、政府供给的国家垄断性体制，政府办文化的观念根深蒂固。目前农村文化建设仍以各级政府包办的形式为主，农民的依赖思想比较重。三是农民自身素质的制约。当前农民的文化水平不高是造成农民公共文化参与意识不强、创造能力不强的关键原因。四是制度的缺失。部分农村群众对健康积极的先进文化有需求，但是在自主举行文化活动、兴办文化产业时，缺乏有效的引导，缺乏制度的保护，甚至常常受到制度的制约。

农民是社会主义新农村文化建设的主体，农民问题是新农村文化建设的首要问题，更是方向问题。农民在新农村文化建设中的主体地位，决定了中国特色社会主义新农村文化建设就是为农民服务。马克思主义认为：人民群众是物质财富和精神财富的创造者，是进行社会变革的主体和决定力量。农民，不仅仅是新农村文化的享受者和受益者，也应该是新农村文化的创造者和建设者。

农民是社会主义新农村文化建设的主体，是满足农民文化需求的本身要求。当代农民群体存在着两种文化消费需求：一种是基本的文化需求，是农民基于生活和劳动需要而产生的，带有集体参与和群体需求的性质，满足的是农民作为社会主义劳动者的最基本的文化需求，对于整个农村地区具有共性。比如对收听广播和观看电视、电影的要求，对休闲娱乐和体育健身的要求；对参与节庆文体活动的要求等。另一种是享受型文化需求，体现的是带有农民个体倾向的文化消费和自我实现的需求，满足的是农民群体中较高层次的文化消费和自我实现的需要，具有较强的个性。比如因个人爱好而产生的对现代娱乐的需要、因生产需要的对图书、报刊借阅和电子信息服务的需要等。农民，不仅仅是文化的享受者和受惠者，也是文化的创造者和建设者，是文化建设的生力军。只有最大限度地把农民吸纳到文化建设队伍中来，才能更好地摸清农民群众的文化需求，更有针对性地提供和满足农民的文化需求。因此，让农民参与到文化的建设中来，是满足农民文化需求的本身要求和特殊途径。

农民是社会主义新农村文化建设的主体，是弥补政府主导作用有限性的需要。随着农村改革的全面发展，政府独家承办文化的体制已经越来越不能适应农村的发展变化，不符合由“小文化”向“大文化”发展和逐步完善“大文化”的职能的规律。政府在新农村文化服务体系建设中的服务者角色，要求政府为农民群众提供更多更好的公共文化产品与公共文化服务，维护和保障农民的基本文化权利。但是政府的主导力量即使是最大限度发挥也具有有限性，农村的文化局面不是政府下大决心、下大力气就可以一手包办和改变的。政府在实现农村公共文化服务供给的最大化和最优化以及满足农民群众的文化需求上难免有缺失，需要农民这支主力军的加入。

农民是社会主义新农村文化建设的主体，有着历史和现实的生动证明。由于人类的求同、寻求群体归属感以及求异、满足天生好奇心两种内在动力机制的共同作用，广大农民群众对农村文化娱乐活动有着近乎本能的接近和参与的愿望。湖南在清朝时期总共有400多个大剧场，国家没有投入一分钱也搞得红红火火。当前农民自办的许多文化团体运转得非常不错，而政府主办的许多文化单位却惨淡经营也是生动的例证。可以说，在政府还没有建立和完善农村公共文化服务体系的时候，他们已经是农村公共文化服务体系的骨干力量。历史和现实均表明，农民办文化既有热情，又有信心，也有能力办好。

总之，农民在新农村公共文化服务体系建设中的主体地位是毋庸置疑的。关键的问题是应使农民认识到自己的主体地位，自觉承担起主体角色，从而真正成为社会主义新农村文化建设和发展的主体。社会主义新农村公共文化服务建设要突出农民这个主体，必须综合运用各种文化手段，把握和适应广大农民群众文化需求的兴奋点，满足农民文化需求的新变化。

（三）社会力量——社会主义新农村公共文化服务体系构建的重要力量

社会力量是社会主义新农村公共文化服务体系的建设主体之一。社会发展的经验告诉我们，由于政府行为的有限性和人们需求的逐渐多元化之间产生了对抗式矛盾，政府无法满足人们日益增加的多样性需要，这就要求政府必须回馈或让渡部分权益给社会，让社会有能力自己承担起社会发展的主体责任，形成政府、市场和社会的有序运行。随着经济、社会的发展和政府职能转变，原来由政府垄断的公共服务职能将越来越多地被释放出来。政府在构建新农村公共文化服务体系方面既要发挥主导作用，又不能单方面垄断公共文化服务的提供，而是应该开放农村公共文化服务领域，鼓励广泛的社会参与。政府要制订规划和政策，动员其他力量参与，为其他力量参与公共文化服务提供更大的活动空间和可能。社会力量有着强大的生产能力与市场竞争力，在文化基础设施的建设及某些具体文化产品的生产中具备着比政府、文化事业单位更多的优势。社会力量参与到新农村公共文化服务建设中来，有利于弥补政府对农村公共文化服务投入力量的不足，丰富新农村公共文化服务的内容，提高农村公共文化服务的数量和质量，促进行政管理体制改革和政府职能转变，推动农村公共文化服务体系的建立健全和高效运转，是符合社会主义新农村多样化的文化需求。

第二节　社会主义新农村公共文化服务体系的基础设施和阵地

完善农村文化基础设施和阵地是建设农村公共文化服务体系的主要任务之一。农村文化基础设施和阵地是农民群众接受公共文化服务最基本的场所，是农村公共文化服务体系的物质保障，在农村文化发展中具有基础地位和重要作用。“工欲善其事，必先利其器”，没有设施，没有阵地，没有场所，想搞好农村文化那是不现实的。农村文化设施和阵地建设好了，农民的文化权益才能得以更好地实现和发展。

一、社会主义新农村公共文化服务的基础设施和阵地的内容

从农村公共文化服务建设的基础性任务即“实现县有文化馆、图书馆，乡镇有文化站，村有文化室的目标”来看，社会主义新农

村公共文化服务的基础设施和阵地至少应该包括县级文化馆、公共图书馆、乡镇综合文化站、村文化室、博物馆、美术馆、集镇文化广场、公园、文化中心、工人文化宫、青少年宫以及影剧院等。

二、加强农村文化基础设施和阵地建设的紧迫性

农村文化基础设施落后，文化阵地匮乏是当前制约农村公共文化发展繁荣的主要障碍。因此，文化设施齐备与否和农村文化阵地建设的好坏，直接影响着农民群众文化生活的质量，反映着一个乡镇的文明程度，牵涉新农村建设的品位和整体的风貌。要根据“科学规划、合理布局，符合实际、讲求实用，适度超前、可持续运行”的方针，加强农村文化设施扶持和整合，加强农村文化阵地建设，形成以公有文化基础设施为主导，社会团体、农民自办文化设施作补充的，遍及农村集镇，布局合理、准入公平的新农村公共文化基础设施网络。要把农村文化设施建设纳入当地国民经济和社会事业发展的总体规划，整合现有的文化设施资源，对各类公共文化设施统筹规划，合理配置，实现资源共享，避免重复建设。要不断拓展和夯实农村文化阵地，把农村文化阵地规划好、建设好、管理好、运用好、巩固好、发展好，建设有效的主流文化接收平台，加快构建覆盖广泛、较为完备的新农村文化公共服务体系，用先进文化占领农村文化阵地，促进农村经济社会又好又快发展。

三、不断完善农村文化基础设施和阵地

（一）乡镇文化站是新农村文化建设的主阵地

1. 乡镇文化站是新农村公共文化服务体系的建设重点。县（区）级图书馆、文化馆，乡镇文化站及村文化室是农村基层重要的文化设施网络和活动阵地。根据《国家“十一五”时期文化发展规划纲要》提出的目标即到2010年，实现县有文化馆、图书馆，乡镇有综合文化站，行政村有文化活动室，争取达到“一乡一站、

一村一室、一人一册”的目标，近年来，国家不断加大对农村文化建设的投入力度，“县县有图书馆、文化馆”的目标已经基本实现，乡镇文化站成为新农村文化建设的重点。

但是，乡镇文化站现状堪忧。随着改革开放的深入和文化市场的兴起，由于隶属关系不清，投入经费不足，岗位人员不稳，作为官办文化机构的文化站的发展越来越令人担忧。除少数文化站办得不错，大多数农村特别是欠发达地区农村的文化站已经呈现出举步维艰的瘫痪、半瘫痪状态。在管理体制上，领导重视不够，管理体制不健全，每年的活动经费投入偏少，所占比例偏低；在文化队伍建设上，人才流失严重，整体素质不高，大部分街道（镇）文化站工作人员身兼多职，既要搞文化工作，又要搞纪检、信访、财务、统战、计生等工作，主次不分，责任不到位，导致文化活动频率降低，文化资源匮乏，艺术精品难觅；在文化基础设施上，被挤占、挪用、租赁的现象较为严重。事实告诉我们，在乡镇文化站工作被削弱的地区，已经出现了农村基层文化阵地流失、基层文化队伍涣散、群众文化活动“偃旗息鼓”、老百姓业余文化生活贫乏的现象。同时，黄、赌、毒等丑恶现象和封建迷信、腐朽落后的文化乘虚而入，严重影响着农村社会主义精神文明建设和农村社会的稳定。因此，加强乡镇文化站建设，守住农村基层文化阵地，成为当前农村文化建设的一个重要任务。

2. 乡镇文化站是新农村文化基础设施的重要组成部分。乡镇文化站作为最基层的文化事业机构，是发展农村文化事业的主力军和基本力量。建设社会主义新农村，巩固农村文化阵地，乡镇文化站具有举足轻重的作用。乡镇文化站从20世纪50年代开始建设，曾经是农村最热闹的地方，较大地满足了农民对文化生活的需求。但在随后的“文化大革命”十年时间里遭受到几乎毁灭性的冲击。从上世纪80年代到90年代初，因为“六五”计划的实施，文化站的建设进入一个相对平稳期。① 历史证明，长期以来，乡镇文化站作为农村精神文明建设的主要窗口，是最直接服务于一个区域农村群众的文化中心，是密切联系广大农村、活跃农民文化生活的重要纽带，是宣传党的方针政策、弘扬先进文化的前沿阵地，是当地政府组织群众、发动群众、鼓舞群众的得力助手。乡镇文化站在农村公共文化服务上的贡献功不可没，因此，构建新农村公共文化服务体系离不开乡镇文化站的参与。

乡镇文化站是党和政府开展农村文化工作的基本阵地，乡镇文化站作为我国农村群众文化工作网络的重要组成部分，是农村文化的一线管理者和组织者。村级文化室、图书室的管理、指导、辅助离不开文化站；农村文化中心户的建设、引导、辅导工作离不开文化站；乡镇一级的文化市场管理、监控也离不开文化站；集镇大中型文化体育活动以及文化体育协会网络组织的管理与引导，不仅离不开文化站，而且还需要文化站去组织、去发展。由此可见，在建设社会主义新农村的整个过程之中，乡镇文化站所面临和承担的工作是繁重而复杂的。乡镇文化站建设作为新农村文化设施建设的重要组成部分，是国家“十一五”期间的重大公共文化服务工程，对于构建覆盖全社会公共文化服务体系，保障广大人民群众基本文化权益都有重要意义。

3. 加大乡镇综合文化站的建设力度。提高认识，加强领导，扩大乡镇文化站的覆盖面。把乡镇文化站的建设纳入地方发展规划。要消除乡镇文化站建设的空白点，同时各地在本地乡镇文化站建设

---

① 常丕军．加强乡镇文化站：农村文化前沿阵地建设［EB/OL］．http：//www.ccmedu．com/bbs12_ 6451．html．2005－12－20．

中要有全局观念，应结合本地实际，摸清家底，作统一规划，作中长期规划，有重点、分步骤地推进。按照条件的优劣进行排序，每年确定几个建设项目，分期、分批、分类实施，确保达到“十一五”期间乡镇综合文化站的建设目标。

科学建设，完善管理，提升乡镇文化站的生命力。重点抓好“三个一”的建设，即有一幢房屋，有一支队伍，有一套制度。确保新农村的乡镇文化站“站”得起来，活得下去。首先是要有一幢房屋，这是基本要求。虽然在1982年，国家就将文化站建设正式列入国民经济建设和社会发展第六个五年计划，并明确提出了“乡乡有文化站”的建设目标，但随着我国经济的快速发展，乡镇文化站的建设问题却没能得到相应的重视。根据1992年文化部颁发的文化站管理办法，乡镇文化站活动面积不得低于300平方米。但除一些经济发达地区外，大多数乡镇文化站场所面积都低于这个标准。文化站设施建设基本上未列入地方政府的建设规划中。而且现有文化站站舍大部分建于20世纪七八十年代，站舍破旧落后，设备严重缺乏，急需改建或扩建。全国还有26 712个乡镇没有文化站设施或站舍面积在50平方米以下。部分文化站已经名存实亡，成了站内无人员、无阵地、无经费、无活动的“四无”文化站。社会主义新农村的乡镇综合文化站的建设要搞好规划，按照有利于服务基层、服务农民的原则，纳入新农村建设的统筹规划中，合理确定建设方案，严禁负债和增加农民负担。在具体操作过程中，可以采用新建一批，修缮一批，改造一批的模式。新建工程可与当前新农村办公场所新建设相结合，尽量不单独建设，杜绝重复建设。搞好旧屋改造工程，许多农村现在还保留有过去的旧祠堂、旧礼堂、旧庙宇及其他一些旧房子，这些正是建设乡镇文化站的理想场所。对这些旧设施进行改造，进行简单内外装修和设备添置，使之“脱胎换骨”变为功能较为完备、方便群众的传播社会主义先进文化的新阵地。

其次是一支队伍。基层文化部门因条件差，难以营造招揽人才的良好氛围，导致人才外流，专业文化人才出现人才断层和老龄化现象。文化站干部认真、负责做文化工作的较少，造成了农村文化工作内容贫乏、方法简单，难以产生吸引力和凝聚力。乡镇文化站的队伍建设最关键的是要选好站长。2007 年 10 月上旬在中央一台黄金时间播出的 26 集电视剧《文化站长》受到广大群众的好评。可以说，新农村的乡镇文化站，就是需要“管文化”这样的文化站长，这样的带头人。乡镇综合文化站干部队伍必须抓住建设社会主义新农村、建设新农村公共文化服务体系的机遇，加强自身素质，创新服务方法，增强服务本领，种好自己的“责任田”，开辟出一块属于自身的天地，使乡镇综合文化站成为农民群众文化生活的向往之所。也只有这样，才有乡镇文化站存在的必要，才有乡镇文化站干部存在的意义。

再者是一套制度。要建立健全乡镇文化站建设的考核制度，确保建设工作常抓不懈形成制度；建立健全乡镇文化站的经费投入和管理制度，确保农村文化工作经费不被挪作他用；建立健全各项管理措施，确保乡镇文化站建设工作落到实处。

整合资源、综合利用，提高乡镇文化站的实用性。乡镇“综合”文化站，最直接、最突出的体现就是功能的综合性。也就是“一站多用”，发挥多方面的功能。在社会主义新农村建设的今天，乡村的农民渴望当地的文化站成为其文化活动中心、文化资源的配送服务中心。因此，乡镇文化站必须实现综合性的新型角色转换。除继续承担以往乡镇文化站的简单功能，经常性地开展科技讲座、扫盲教育、法制宣传、文艺辅导、文艺汇演、游戏娱乐等文化活动外，新农村的乡镇综合文化站更要注重满足农民群众多方面的文化需求。要努力成为地方党委、政府促进经济社会全面发展的政策、法律宣传平台；成为农民学文化、学科学的知识课堂；成为表彰致富先进，引领致富潮流的示范基地；成为宣扬优秀文化，抵御不良风气的道德教育阵地，集党建、文化、教育、科技、法律宣传于一体，对广大农村的经济建设和社会发展发挥积极作用。

（二）农村文化室是新农村文化建设的前沿阵地

农村文化室是新农村公共文化服务体系的建设难点，因为村级文化设施建设和阵地建设是农村公共文化服务建设的最难点。位于农村最基层的自然村的农民往往聚族而居，相比乡镇更为封闭，更加分散。要巩固农村文化阵地，就要在充分发挥乡镇文化站对村落文化建设的导向、辐射、推动作用的同时，加强农村文化室建设。

加强农村文化室建设与发展是农村基层文化建设的一项重要的战略调整，是新世纪农村文化工作中具有前瞻性和战略意义的重要任务之一。随着党和政府关注重心向农村的转移和新农村建设的不断推进，农村文化工作应向基层延伸、向农村的最底层延伸，扩展到农村的各个领域，落脚到农民个人。农村公共文化服务体系的建设重心也要下移，深入农户，扎根在村落，以文化室为载体，让农民在家门口就能享受文化生活，全面推进农村文化的发展。农村文化室顾名思义，其根基在农村，搞农村文化室建设一定要根据农村实际，充分考虑农民的传统文化生活习惯和乡风民俗。应当体现传统文化的特色，在农民群众能接受的范围内进行创新探索，因地制宜建设一批规模适当、设施良好的村级农民文化园、文化活动室。不要搞些稀奇古怪的东西，不能以低级趣味迎合一些农民媚俗的心。

我们要以农村文化设施网络建设和文化阵地建设为突破口，通过弘扬先进文化，扶持有益文化，改造落后文化，抵制腐朽文化，使文化阵地真正成为先进文化传播中心、文体娱乐活动中心、实用技术教育中心，不断满足人民群众日益增长的精神文化需求；把能够为人民群众喜闻乐见的文化产品和文化服务输送到精神文化生活的各个领域，努力维护好、发展好、实现好人民群众的文化权益，促进社会主义经济、政治、文化建设与和谐社会建设全面发展。

第三节 拓展社会主义新农村公共文化服务范围

继续加大农村重点文化工程的实施力度，进一步拓展社会主义新农村公共文化服务范围，是更好地满足农村社会广大群众日益增长的文化需求的现实需要，也是更好地缩小城乡文化差距的有效途径。

一、广播电视“村村通”是社会主义新农村文化建设的“一号工程”

加强农村文化建设，大力改变当前大部分农村封闭的信息流状态是当前的重要任务之一。广播电视是当前对农村最现实、最有效的传播方式。尽管影碟机等现代文化设备正逐步普及到农村家庭，但对于中国广大农村地区来说，广播电视发射转播台（站）仍然是农村最重要的公共文化服务设施之一，是农村最普遍的文化娱乐工具和资讯信息工具。广大农民通过广播电视学习农业技术，了解市场信息，丰富文化生活，了解党的路线、方针、政策。广播电视村村通工程是送到农村千家万户的“文化活动室”。在全面建设小康社会、建设社会主义新农村的宏阔背景下，新农村文化建设的其他内容也很重要，但广播电视的作用比其他任何一种形式都更直接、更实惠、影响更大，是实践“三个代表”重要思想、落实科学发展观的内在要求，是全面建设小康社会、构建社会主义和谐社会的重要内容，是推进社会主义新农村建设的重要举措，是农村公共文化服务体系的重要组成部分，是社会主义新农村文化建设的“一号工程”。无论是宣传党和国家的方针政策，传播先进文化，普及科技知识，还是提高农民群众的思想道德水平和科学文化素质，促进广大农村的经济建设、政治建设、文化建设和社会建设，巩固农村基层政权组织，广播电视“村村通”都具有十分重要的作用，是深受农民群众欢迎的民心工程，是农村社会主义精神文明建设的基础工程，是满足农民群众日益增长的精神文化需求的文化工程，对于传播党和国家的方针政策，提高农民群众的思想文化素质，对于建设社会主义新农村，具有十分重要的作用。

广播电视村村通工程自 1998 年初启动以来，已经取得了显著的成效。但由于人口、经济、地理等因素制约，目前全国广播电视村村通总体上还处于较低水平，与中央提出的建设社会主义新农村的总体目标、与农村经济社会协调发展的要求、与农民群众日益增长的精神文化需求，与城市居民享受的广播电视服务在数量和质量还有很大的差距。存在的问题和困难仍旧不少，主要是广播电视覆盖仍有盲区，广播电视村村通工作还存在起点低、入户率低和“返盲”现象，无线覆盖效果滑坡严重。

《国家“十一五”时期文化发展规划纲要》中明确提出“村村通”广播电视工程建设的目标是“建立以县为中心、乡镇为依托、服务农户的农村广播电视公共服务覆盖网络。到 2010 年底全面实现 20 户以上已通电自然村广播电视村村通，到 2020 年基本实现农村广播电视户户通”。这就要求要按照“巩固成果，扩大范围，提高质量，改善服务”的要求，把广播电视村村通纳入各级党委、政府工作的重要议事日程，纳入各级政府经济社会发展和社会主义新农村建设的总体规划，纳入各级政府公共财政支出预算，纳入各级政府的扶贫攻坚计划，纳入干部考核的内容，继续加大力度解决好贫困地区、贫苦户广播电视节目的收听、收看问题，逐步减少广播电视“盲区”。要巩固和完善已建的村村通工程，充分发挥其效能，防止出现“返盲”。

各地的情况千差万别，广播电视村村通决不能搞一刀切、采用一种模式。要成熟一个，发展一个，分阶段、分重点、分区域，有计划地逐步推进，逐步减少盲点，提高覆盖面。要着力解决节目套数少、信号差的问题。充分利用无线、卫星、有线、微波等多种手段，为广大农村地区提供套数更多、质量更好的广播电视节目。要落实经费制度，各级政府应适当安排农村广播电视运行的维护管理经费，以保证“村村通”能够天天通、长期通。广播电视部门要把面向基层、服务“三农”作为重点任务，不断丰富服务“三农”的广播电视节目内容，结合地方实际，增设形式多样、内容丰富的涉农专栏、专题节目，加强与科技、教育、司法、文化、卫生、体育、农业、林业、水利、气象等部门的合作，不断丰富节目资源，增加为农村群众服务的科技普及、技能培训、法律知识、卫生防疫以及文化娱乐等节目内容。要针对农村群众的接受水平，体现节目的大众化、通俗性，基本满足农村群众对新闻资讯、文化娱乐、科技培训、生活信息的普遍要求，使广播电视村村通促进农民致富。

二、“农家书屋”工程是社会主义新农村文化建设的基础工程

“农家书屋”工程是为解决农民群众“买书难、借书难、看书难”的问题，满足农民文化需要，在行政村建立的、农民自己管理的、能提供农民实用的书报刊和音像电子产品阅读视听条件的公益性文化服务设施，是政府统一规划、组织实施的新农村文化建设一项基础工程。据第五次全国国民阅读调查数据显示，2007 年我国国

民图书阅读率为48.8%，不超过50%。在居民阅读方面，2007年城镇人口平均每人读书6.68本，而农业人口平均每人仅为3.51本；在家庭藏书方面，城镇人口家庭平均藏书105本，远远高于农村人口的48本。可见，当前农民的阅读现状并不容乐观，农民的阅读风气及阅读环境与城镇居民相比仍有较大差距。新农村文化建设是包含思想道德、精神文明、教育文化、科学技术等建设在内的系统工程。而书籍作为承载思想、培养情操、传播知识、提供消遣、美化生活、丰富人生的重要工具，在繁荣农村文化方面有着不可替代的作用。“有田不耕仓廪虚，有书不读子孙愚”，农民需要耕田满足物质生活需求，更需要读书满足精神文化需求。可以说，农民的知识化程度，决定着农业和农村现代化的程度。新农村文化建设要注重给当代农民创造学习知识、改变命运的条件。要大力倡导全民阅读，强调推动农民阅读，使“书中自有致富路，书中自有智慧泉”的体会成为有志农民的共识，使我国农村“家家户户书香飘，子子孙孙有文化”。以读书开启民智，提高整个民族的文化道德素质；用知识改变命运，从根本上解决农村贫穷的问题，让“农家书屋”工程成为促农致富的一大法宝。

2007年初，新闻出版总署、中央文明办、国家发改委、科技部、民政部、财政部、农业部、国家人口计生委等八部委共同发起实施“农家书屋”工程，旨在推进农村公共文化服务体系建设、保障农民文化权益、满足广大农民基本文化需求。工程开始不久，即被列为国家公共文化服务体系建设五项重大工程之一。2008年“农家书屋”工程在全国全面展开。温家宝总理在十一届全国人大一次会议上的《政府工作报告》中指出，要加大政府投入力度，加快构建覆盖全社会的公共文化服务体系，加强公益性文化事业建设，特别是加强社区和乡村文化设施建设，加快乡镇综合文化站建设，推进全国文化信息共享、广播电视村村通、“农家书屋”和农村电影放映工程。这是继十届全国人大五次会议后，又一次将“农家书屋”工程写入《政府工作报告》，凸显了“农家书屋”工程建设中的政府责任，也体现了政府对农村公共文化服务体系建设的高度重视。通过“农家书屋”这个载体，政府提供的公共文化服务重心“沉”入基层和农村，向那些最需要帮助的“文化洼地”集聚，体现了我国公共文化产品供给变化的新走向。

“农家书屋”工程是一项由政府主导投入的公益性文化工程，也是一项功在当代、利在千秋的惠民工程和民心工程。农家书屋建设的基本思路是政府组织建设，鼓励社会捐助，农民自主管理。然而，县区之间、乡镇之间以及村与村之间存在的差距，导致农家书屋建设的发展不均衡。受地方经济条件影响，重点乡镇好于其他乡镇，重点扶持的村好于其他村，有的村还有空白点。不断探索创新“农家书屋”的建设模式是解决因经济发展不平衡导致的“农家书屋”发展不平衡这一问题的有效途径。

目前，全国各地“农家书屋”的建设主要有以下几种模式：

一是村委会主导型。在村级集体经济较为发达，农业产业化程度较高的行政村，建立以村级集体经济支撑的“农家书屋”。如连州市城南村委会农家书屋。该村委会农家书屋设有5个书架和两套阅读台凳，共藏有包括文学、农业等类别的多种书刊。从资源整合的角度出发，还可以因地制宜，把农家书屋其他文化、卫生教育设施以及农村信息服务点、党员远程教育点、村级小学、农村文化资源共享工程等一起规划，共同组建，协同管理，实现资源利用的最大化。

二是农民自主服务型。由当地文化层次较高的退休返乡老干部、教师、医生、工人，或者是读书爱好者，将自己购买的图书和订阅的报刊免费向农民开放。莲都区严鸟乡李村退休老师李积善，1999年始，他把积攒的3万多元钱购置了图书、书架，订了十几种报纸，办起了家庭图书室，建立了流动图书箱，到各村进行借阅服务，把书送到种植、养殖的棚院里，送到普通农民家中，共有读者上万人次。为了扩大服务范围，他专门腾出自家楼房作为村里的“文化活动中心”，还添置了彩电、乒乓球、台球等文体设施，村民可以在中心看书看报学科技，打球交流促和谐，效果非常好。

三是流动型农家书屋。在偏远地方，除积极争取上级支持，引导国营出版物发行企业参与和社会各界捐赠建设农家书屋之外，还可以采用流动书屋的模式。在湖南，出版集团创新了农家书屋模式，50个“汽车书店”穿行在乡间，3 000多种书籍可以直接送到偏远地区的农民手上。自2006年开展以来，每台汽车每年送书下乡时间都在120天以上。

四是便民型农家书屋。从方便农民的角度出发，农家书屋可以考虑建在村级小卖部、小超市、农资经销点、便民商店等地附近。这些地方开放时间长、农民去得多，书屋建在这些地方也能给商户带来“人气”，同时，有的政府或村级组织还适当为书屋添置影碟机、电视和桌椅等设备，经营者也很乐意。比如，山东省邹平县充分利用供销超市网点多、开放时间长、贴近农民群众的优势和新华书店图书资源丰富、更新便利的特点，将农家书屋直接建在了超市中。由新华书店提供图书，超市人员代为管理。超市农家书屋，改变了以往农家书屋由于缺乏专人管理而门前冷落的现象，特别受欢迎，大伙茶余饭后来这里看书、借书，也增加了超市的人气，是解决农民群众“看书难”的一条新路子。

“农家书屋”是一项庞大而艰巨的工程，涉及多个方面。任何一个环节出问题，都会影响农家书屋所本应具有的实效。要在全国农村逐步建立起“供书、读书、管书、用书”的长效机制，确保农家书屋建好一批，管好一批，用好一批，形成良性循环，使中国广大农民“买书难、借书难、看书难”的问题得到根本性的解决。

“农家书屋”能否发挥实效，能否让农民真正受益，关键在书。要给农民出版和配送看得懂、用得上的书。按规定，农家书屋所需出版物，应由相关部门参照“农家书屋”工程协调小组办公室公布的推荐目录，结合本地实际情况，为农民选好书，送去真正有用的书，不能把“农家书屋”工程变成消化行业库存的工程。总体上来说，农家书屋的书不宜理论性太强，应以增长见识、开阔眼界、提高素质的知识性、实用性读物为主。根据农民的阅读反馈和调查，教导卫生健康的书、传授法律知识的书、宣传道德教育的书、普及科学和人文教育的书是农民普遍比较需要的书。农家书屋姓农，要选配贴近“三农”的书；农家书屋姓农，要因时因地选配适应农村生产需要的书。春耕时，要更新农作物种植技术方面的图书；夏天时，要更新科学施肥、节水灌溉等方面的图书。要选配与地方产业结构调整有关的书。2008 年，上海市农委向上海远郊农业地区 1500 个村赠阅《农民日报》、《东方城乡报》，让更多的农民更便捷地在“农家书屋”看到农民自己的报纸。《农民日报》是党中央、国务院宣传“三农”工作的重要阵地，《东方城乡报》是上海市宣传“三农”工作的重要阵地，都是第一时间发布国家、地方“三农”政策信息的权威媒体。农家书屋的读者面向的对象是农民，包括老年读者、青年读者、少儿读者还有妇女读者，因此还要选配满足不同年龄层次读者需要的书。

要建立农家书屋的长效管理机制和信息反馈机制。在各个农家书屋配置书刊名录登记簿、书刊借阅登记簿、图书需求信息登记册、意见簿等小册子或小本子，便于收集农民群众需求信息，调整选配的书目。要建立图书的更新和流转机制，要保证农家书屋的长久吸引力，必须保证农家书屋的出版物常添常换，使农家书屋常有新书借，常有新书看，不能多年不变。政府部门还要针对不同类别和内容的书籍，形成更新机制，做到定期更新，保证农民能读到最新的、最好的书。甘肃省为解决农家书屋图书品种少、更换周期长的问题，建立了图书交流机制。在兰州、金昌、嘉峪关、张掖等市州配备了专门的“图书流动交换车”，定期在书屋与书屋之间、图书馆与书屋之间流动交换图书，有效解决了农家书屋运行中图书更新的问题。要建立部门行业合作机制，寻求部门合作，形成合力。要将中央及国家机关各部门和各地区目前开展的图书进村下乡、文化部的“信息资源共享工程”和“万村书库工程”、民政部等 4 部门的“农村图书室”援建项目、中组部实施的“党员之家”等活动项目与“农家书屋”建设结合起来，合理配置，有效利用各种资源，实现共享，形成合力，最大限度地惠及农民群众。云南省针对农家书屋建设资金投入不足的情况，把创建“边疆党建长廊”与“农家书屋”结合起来，创建“农村党员书屋”，实现了基层党建工作与新农村文化建设的两不误。要开展各具特色的阅读活动，结合各种社会活动，开展贴近群众的、社会影响力大的阅读活动。只有开展丰富多样各具特色的活动，才能有效地吸引农民广泛参与，进而引导农民参与积极、健康、有益的阅读活动。比如，可以开展“带一本好书回家”、向农村留守儿童赠书、举办“爱我中华”知识竞赛和以倡导阅读为主题的高层论坛等活动，也可以组织开展针对农民的读书征文活动，举办农民藏书家评选活动，成立农民读书协会，等等。

要让农民看到读书的实惠。过去讲“书中自有黄金屋、书中自有颜如玉”，现在是“书中自有致富路”。“新农村书屋”工程，就是要使农家书屋成为农民的“营养屋”、“致富屋”、“希望屋”、

“幸福屋”。2008年3月20日，在全国服务农民、服务基层文化建设先进集体表彰会上，甘肃省定西市李家堡村农家书屋管理员史正常作为“农家书屋”的代表发言时说到“以前村上没有书屋，村民们想看书只能到集市的地摊上购买、租借，而且图书种类很少，满足不了村民的需求。现在自家门口有了免费借阅的书屋，多方便啊！村民们自然很快就把书屋当成了村上的文化和休闲中心。人们常说，一本好书往往就是一所学校。毫不夸张地说，我们村的农家书屋就是这样一所用科技知识滋润人们心灵、传播精神文明和建设物质文明的好学校”。

三、农村电影放映工程是社会主义新农村文化建设的必需工程

农村电影放映工作在20世纪七八十年代曾经很红火，其后由于电视等因素影响，一度冷落。有些人认为现在已是电视村村通，音像播映也很普及，电影已没人看了，对农村电影放映工作不重视，敷衍了事。实际上，尽管广播电视、音像放映等文化娱乐方式对电影产生了一定的冲击和影响，尽管电影不再是农村唯一的文化娱乐方式，但是农民群众对电影的需求仍十分强烈。现在，在农村的休闲时间里，除了电视还是电视，有的老百姓电视看腻了，就在麻将、扑克上过把瘾。农村电影放映工作，不仅是农民茶余饭后的消闲娱乐，而且是加强农村思想、道德、文化教育，提高农民科学文化素质，改善农民生活质量，全面建设小康社会的重要途径。

农村电影放映工程是农村文化公共服务体系建设的重要内容。农村电影放映主要的服务对象，是居住在全国县级以下地区的广大农民群众。由于我国广大农村，特别是中西部农村，农民的收入水平与城市相比还有较大差距，再加上农村地区地广人稀、交通不便，广大农民群众到县城影院看电影是很困难的。由于受地域环境、经济发展状况等多种因素的制约，基层农民群众看书难、读报难、看电影更难，欣赏文艺演出难上加难，群众文化生活十分枯燥。大多数乡村老百姓几乎一年看不上一场戏和一场电影。江西省吉安市万安县涧田乡的良富村，离乡镇有40多公里，相隔两条河，交通非常不便，放映时80多户的村子，有200多名观众观看电影。沙坪镇的外龙村，村庄在高山上，离镇政府有20多华里，全部是山路，放映当天出现孙子扶着80多岁的老奶奶来看电影的情景。因此，电影仍然是重要的娱乐形式，电影在农村的地位和作用不可替代，是发展社会主义新农村先进文化和促进农村经济社会全面协调发展，构建诚信友爱、充满活力的社会主义和谐社会的“助推器”。

1998年，国家广电总局和文化部开始实施“2131”农村电影放映工程（“21”指21世纪初，“31”指“三个一”：每一个行政村每一个月放一场电影）。2000年，国家发改委参与并大力支持2131工程，在“十五”期间投入资金1.15亿元支持农村电影放映工作。2002年，国家广电局、文化部、国家计委、财政部联合发出《关于加快实施“2131工程”加强农村电影发行放映工作的通知》，指出“各地要建立健全购买农村影片专项资金财政补贴制度”，标志着专项资金财政补贴制度化支持农村电影放映工作正式开始。通过大力实施“2131”工程，农村电影的基础设施条件得到初步改善，农村电影的放映能力明显增强，放映场次和观众人数明显增加。据统计，全国已有各种形式的农村电影队3.5万个，最近五年全国农村共放映电影近2 000万场，观众达50亿人次。西藏、内蒙古、宁夏回族自治区的部分地区已率先实现一村一月放一场电影的目标。尽管如此，农村电影的基础设施条件总的来说还是比较薄弱，农村电影发展放映体制机制改革还需要进一步深化，农村题材故事影片特别是现实题材优秀作品还偏少，农业科技题材的影片也不能满足需求。新时期大力推进电影放映工作，要做好农村电影拷贝配送工作，丰富电影片源，加快推进农村电影数字化放映，加强农村电影院更新改造，增加固定或流动放映点，基本实现全国农村一村一月放映一场电影。

“电影放映工程”要在农村文化建设中出实效，重点是要抓好影片质量。坚持贴近实际，贴近群众，贴近生活，努力发挥电影的文化娱乐及宣传服务功能，要围绕当代农民求富、求知、求发展、求文明、求健康的需求，组织一批科技片、党建片、教育片、故事片进农村放映。联合有关部门，组织专题放映，开展政策宣传专场、德育教育专场、科技培训专场、重大活动专场、经典影片专场放映，以电影为媒介，努力让“小屏幕”发挥“大效益”，促进农业增产增效、农民增智增收、电影放映兴旺的良好局面。要创新放映形式，采取定期放映与流动放映相结合。充分利用村组礼堂（会堂）、办公场所、村文化大院、文化专业户、祠堂等场所，建设、改造一批可用于放映电影的、综合性的村级文化服务阵地，着力解决室外放映受季节、气候影响，造成农民看不好电影的问题。不要局限于在县、乡、镇剧院或礼堂放映，要开辟广大农村的广阔空间，放映地点可以选择在乡镇开阔地段或各村的村级组织活动场所，这样更加体现对党员的教育，对群众的引导。大力推广个人包场业务，积极组织结婚、生子、升学、乔迁等红白喜事包场活动。建立大篷车流动影院，广泛深入农村，开展放映活动，逐步扩大电影的影响，努力开辟电影市场。利用大篷车流动影院，将银幕挂进校园，解除学生观影安全障碍，以及通过调整票价、提高服务等措施，走出一条切实可行的校园放映之路，为农村未成年人开辟一个生动活泼的第二课堂。发挥优秀国产影片加强爱国主义教育、革命传统教育和民族精神培养的作用，最大限度地挖掘其社会功效和经济效能。“百姓影院”是采用国家广电总局电影数字节目管理中心研制的数字电影流动放映设备，深入郊县、村镇和社区，让广大农民和社区群众在家门口就能看到优质低廉的电影，使电影这道“大众娱乐大餐”真正地“飞入寻常百姓家”。国家广电总局将在全国范围内逐步推广“百姓影院”，“百姓影院”要提高放映服务质量，要规范电影放映制度，不能“一放了之”，要建立放映、维护、宣传、反馈一条龙的配套服务机制。放映前要张贴电影节目预告，公布放映时间、地点、影片简介；放映后要做好放映日志，登记好放映的影片片名、地点、观看人数，群众意见，等等。

第四节　创新社会主义新农村公共文化服务方式

不断探索新农村公共文化服务方式，创新服务新模式、新路径，提高公共服务效率和服务质量，是不断提高农民文化权益和文化需求“满足度”的必然要求。

一、始终坚持开展“送文化下乡”活动

“送文化下乡”的公益性决定了这一活动存在的长期性。“送文化下乡”是繁荣发展社会主义群众文化事业的内在要求，更是体现社会主义优越性的一个集中表现。“送文化下乡”活动自 1995 年开展以来，以其公益性、娱乐性、艺术性和群众参与的广泛性而受到基层群众的欢迎，成为国家和各级政府支持农村文化建设的典型形式。这项活动的开展，极大地丰富了农民的文化生活，也在一定程度上繁荣了农村文化市场。“送文化下乡”的局限性要求这一活动必须进一步向纵深发展，通过不断提升“送文化下乡”在新时期的内涵，拓展其生存空间。

当前“送文化下乡”存在着观念陈旧、形式单调、资金制约等一些问题。要始终坚持送文化下乡的公益性，尊重农民内在的文化需求，提高文化下乡的针对性和实效性。要坚持“政府主导与社会参与相结合，送文化下乡与建乡下文化相结合，专业文化与群众文化相结合”的原则，立足基层，面向群众，创新文化下乡科学持久的机制。要注重资源创新，采取多样的文化运作形式，将它制度化、规范化，提高质量、增加密度、扩大范围，降低成本。实际操作中要注重把文化下乡与基层思想政治工作、政府中心工作相结合，与农村集市、庙会等传统文化娱乐活动相结合，与培养基层文化骨干相结合，与建立长效机制相结合，为基层群众提供更多健康有益的文化产品和服务。

随着时代社会的发展变迁，“送文化下乡”作为一项老传统已然面临着转折。目前全国各地农村先后响起的“送文化”向“种文化”过渡转换的呼声。“种文化”是实现农村文化可持续发展的需要。

农村文化是一个自有其存在价值的独立系统，“送文化”是外部赋予的，这样一种“喂食”式的帮助，难以从根本上解决农民的“文化温饱”问题。而“种文化”是内在的，更能满足农民群众对精神文化生活的渴求。“种文化”就是要在“送文化”下乡解决农村群众文化饥渴问题的同时，发挥其启蒙作用，通过对乡镇文化站及相关部门的指导、辅导和培训，在帮助其提高公共文化服务能力的同时，激活农村业余文艺团队，培养一大批“乡土艺术家”，带动开展各类群众文化活动，激发农村自身文化活力，使农民群众的精神文化生活更充实更丰富，从而夯实农村公共文化服务的基础，进而形成农村公共文化服务长效机制。

二、大力开展农村群众性文化活动

积极健康的文化活动具有娱乐身心、移风易俗、改善人际关系、提高人的文明素养的特殊功能，也是人们的基本活动与基本需求的重要方面。

开展丰富多彩、健康有益的群众性文化活动是社会主义新农村文化建设的有效途径和重要载体，是建设社会主义新农村公共文化服务体系的落脚点。随着经济的发展，农村生活水平的改善，农村广大群众对文化的需求相当强烈，广大农民的欣赏水平也逐步得到提高，并形成了自己独特的审美倾向和欣赏习惯。加之电视、网络等现代娱乐方式的日益普及，为他们的文化生活提供了更多选择机会。在这种情况下，内容陈旧、形式老套的文化活动，受到农民群众的冷落就成为再正常不过的事情。同时，由于各地风俗习惯和传统文化背景的差异，对文化的需求也有所区别。然而，现行文化管理体制仍存在着明显的计划经济时期的痕迹，对农民实际文化需求缺乏调查分析，许多地方仅仅是根据上级文件要求和地方党政领导的意见举办文化活动，往往是花了大笔的钱办活动，却并没有受到群众的欢迎。因此，要用群众喜闻乐见的形式深入推进农村文化建设，让群众在参与中身心得到愉悦，心灵得到净化，思想得到启迪。

农村群众性文化活动要注重体现地方特色。没有特色的文化是低层次的文化，这样的文化没有吸引力和生命力。没有品牌的文化也是低层次的文化，这样的文化没有影响力和辐射力。农村有着极其丰富的民间文化资源，有的甚至就“活”在广大农民的日常生活中。这些民间文化最适合农民的认知方式和审美习惯，接触起来有一种自然而然的亲切感。积极挖掘农村现有的、农民身边的、独特的历史文化遗产或民族文化资源，为农民提供丰富多彩的民间文化活动和精神产品，可以使他们在劳动之余不出村就能感受到文化的熏陶。利用特色文化开展农村群众文化活动，最好的办法就是在保持其喜闻乐见风格的同时，充实其内容，创新其形式，赋予时代性、教育性，使其成为传播先进文化的载体。利用这种“旧瓶装新酒”的办法，实现农村文化的创新，群众最容易接受，也最乐于参与。

三、积极引导农民自办文化

农民自办文化，是新时期基层文化生活的重要形式和国办文化的重要补充。所谓农民自办文化，指的是农民个体或群体依靠其拥有的各类文化资源，而进行的以满足自身或群体的精神文化需求或物质利益需要为目的的各类文化实践活动。[①] 农民自办文化作为一个新生事物，是群众自发的一种自娱自乐的文化形式，是新时期基层文化生活的重要形式和国办文化的重要补充，发展潜力不容小视。目前农民发展起来的文化中心户、文化大院、社区文化之家、个人图书室等自办文化实体，主要有三种类型：一是服务型的，免费为群众服务。如大部分农民自办的书屋和部分文化大院。二是半服务型的，经营者与文化消费者都参与投入，经营者少量收取一些费用，但不以赢利为目的，主要是为丰富当地群众文化生活。武夷山市西林街下岗职工左国栋开办的“一分钱图书社”以 7 种形式的会员制方式运作，目前已发展固定会员2 300余户，直接和间接的读者达6 000多人，藏书约 10 万册。同时大力发展连锁经营，扩大了服务面，促进了图书的流通和利用率，增加了收益。三是经营型的，进行市场化运作，主要以赢利为目的。如大多数的农村个体放映队和民间剧团，做到既鼓“钱袋”，又富“脑袋”。

农民自办文化有极其旺盛的生命力。一方面，“送文化”下乡，农民可选择余地不够大，针对性不够强；而农民自办文化是农民满

---

① 肖剑忠．农村自办文化：被忽略的价值［J］．精神文明导刊，2007（12）．

足自我需求，说自己的话，讲身边的事，有广泛的群众基础，自然更具鲜活的生命力。从这个层面上来说，农民自办文化扎根于广大农民群众之中，离农民最近，也最能体恤民情，温暖民生，最能挠到农村文化的痒处，可以满足各年龄段农民的多层次文化需求。另一方面，对于在新农村建设中富裕起来的那部分农民来说，开放的思想让他们成为新农村建设中经济的受益者，单纯的享受文化已经无法满足他们被解放的思想和观念，于是他们把搞活经济的热情和积极性再次投入到搞活文化的建设中来。农民自办文化是新农村建设过程中农民富裕起来后的一种精神需求，它更是在广阔的田野上实现“以人为本”、促进人的全面发展和社会经济全面进步的一种精神动力与智力支撑，活跃了农村文化活动，提升了农民的素质，促进了农村经济社会发展，为新农村建设注入了新的生机和活力。

要积极鼓励和引导农民自办文化。农民自办文化不仅是新农村建设的一个积极因素，也是建设社会主义新农村中不可或缺的一支力量，它不仅反映当前的农村面貌，也是对新农村未来的呼应。它的形态，它的风采，无不散发出民间、民俗、民情那种泥土芳香，也必将在社会主义新农村建设中培育出姹紫嫣红的鲜花。

（一）政策鼓励引导，提高农民自办文化的热情

广大的农村不是文化的荒漠，农民也不是没有文化的人群，他们中卧虎藏龙，是农村文化事业发展中最活跃的因子，关键是怎样去鼓励，去引导。作为新时期农村文化生活的重要形式，农民自办文化在全面建设小康社会和构建和谐社会中有着举足轻重的作用，其水平的高低，质量的好坏，直接关系并影响着农民整体素质的提高。一是要调动积极性，要充分尊重和发挥农民的文化首创精神，鼓励群众参与到文化建设中来。二是要有制度维护，要制定符合本地农民自办文化发展的规划、措施和相关政策，鼓励、帮助和支持

有条件的农民自办文化大院、文化中心户、文化室，因地制宜，分类指导，促进农民自办文化的健康发展。三是要把握住主题，积极引导农民自办文化以弘扬社会主旋律、反映时代精神为主轴，把科学的理论、党的政策、健康向上的题材融于群众喜闻乐见的表演形式当中，从而吸引、鼓舞、教育群众，发挥他们在农村文化生活中的积极作用，推动农村工作的健康有序发展，构建和谐农村。四是要坚持“三贴近”，即表演内容要贴近农村、贴近生活、贴近实际。通过面向农民的表演，反映农民的身边事，传播农村的新风尚。五是要丰富载体，要倡导农民用自己最熟悉、最喜欢、也最擅长的表演形式来办文化，挖掘本土最具特色的文化资源，让表演体现出浓郁的乡土风情、民俗风情、民族风情，传承乡土文化、弘扬地方文化。比如人民作家赵树理的家乡沁水县，素有“民歌之海”称誉的河曲县，以及被文化部授予“中国民间艺术之乡”的长子县南漳镇等，都充分发挥各自的传统特色，或组织锣鼓队、文工团，或创建科普文体活动中心，或组建“八音会艺术团”。

（二）鼓励青年参与，壮大农民自办文化的主体

农民自办文化虽然是新兴事物，但目前以中老年人为主要力量。这是因为一方面，目前农村的青年大部分外出务工；另一方面，农村中的文艺爱好者和民间艺人或是在文艺方面有一技之长的往往是中老年人，他们对建设社会主义新农村文化的热情更高，责任心更强，更容易组织起来。但是，农民自办文化需要有青年人的参与，因此要激发广大农村青年建设社会主义新农村文化的主体意识，使青年成为建设社会主义新农村文化的重要力量，成为建设和发展社会主义新农村文化的希望。要利用返乡青年在信息、技术和资金等方面的资源优势，调动青年的积极性，使农民自办文化焕发出年轻的生命力。

（三）培育新型农民，提升农民自办文化的能力

培育新农村建设所需要的新型农民，是提高农民建设新农村文化的能力的根本途径。要通过提高农民的文化素质，来激发农民自办文化的活力；要提高农民经营管理水平和农民自办文化的可持续发展能力；要注重积极引导和教育农民遵纪守法、提高修养、崇尚科学、移风易俗，不断提升农民的精神文明素养，富民富心富精神；要把乡村文化室、文化中心户、文化大院办成文化科学、信息交流的“交换站”，科技咨询的“服务站”，农业科技推广的“农技站”，群众接受教育的“大学校”。

（四）加强网络建设，充分发挥网络的服务功能

发挥网络优势，完善农村公共文化服务体系，是实现社会主义新农村文化跨越式发展的必然选择。在新农村文化建设过程中，网络有着积极重要的作用。由于中国城乡发展不平衡，虽然国家采取了种种措施来缩小这种不平衡的差距，但是由于几百年、上千年所造成的这种差距，不是三年五年能够消除的。逐步消除这种差距，网络是一个不可忽视的力量。当前农村的信息获取渠道逐渐呈现出以广播电视为主，报刊、网络传播为补充，日益现代化、多样化的趋势。因此，要充分发挥网络作为信息平台、先进的教育手段、知识洼地的优势特点，以农村党员远程教育网为基础，提高群众科学文化素质和推动特色文化发展。宁波市江北区联群村将远程教育与文化建设有力结合，定期下载村民喜爱的舞蹈节目，通过“网上课堂”自学自练，自编自导，学会了许多优秀节目，实现了将远教的资源优势与村民的舞蹈热情和管理优势相结合，带动农村文化的发展。

社会主义新农村文化人才队伍构建

第一节　人才对社会主义新农村文化建设的意义

国以才立，政以才治，业以才兴。农村文化人才是农村文化事业发展的开拓者和主导者，是广大农民中的杰出代表，是新农村文化建设的主力军。

一、农村文化人才是决定社会主义新农村文化建设成败的关键

在社会主义新农村建设中，农村是基础，文化是进步，人才是关键。有了优秀的文化人才，才能更好地发展社会主义新农村文化，促进农村经济发展。当前，我国农业和农村正处于新的发展阶段。我国广大农村，特别是西部地区，随着改革开放和经济建设的深入发展，对高素质的文化人才的需求越来越迫切。多年来，农村生源考入大学的学生，毕业后回不到农村第一线，而另一方面农村薄弱的基础教育使一批孩子又考不上大学。因此，尽快为农村第一线培养一批“留得住、用得上”的文化人才，使他们成为发展农村文化的带头人，从而推动农村社会经济发展是农村文化事业发展的关键

所在。

二、农村文化人才在社会主义新农村文化建设中发挥重要作用

加强农村文化建设，文化阵地硬件建设固然重要，同时还要重视文化人才建设，造就农村文化人才队伍。农村文化建设若光有设施，没有人才管理，缺乏文艺团队，就如无源之水，无法在广大农村落地生根，文化的大发展大繁荣也无从谈起。农村缺少的并不是文化，而是懂文化、爱文化、能吃苦、有特长的文化人才。农村文化要靠文化人才去组织实施、去协调配合，要靠文化工作者的组织能力、业务能力去实现。农村文化人才在传达国家制定的群众文化工作的方针、政策和组织、落实有关文化工作任务中起着连通上下的桥梁作用；在实施农村文化活动工作发挥了组织协调作用；对于民族文化传统的各个方面发挥了保留、发展和传播的传承作用；在推动群众文化活动的内容、形式、手段甚至节奏等各方面适应时代需要上发挥着积极的创新作用。

三、农村文化人才战略是社会主义新农村文化建设的必然要求

培养农村文化人才是实现党中央提出的“建设社会主义新农村”重大战略决策和历史任务人才保证。要实现“生产发展、生活宽裕、乡风文明、村容整洁、管理民主”的总体目标，除加强组织领导、加大政策扶持和外部帮助之外，必须发挥广大农民的主体作用，归根结底靠人才。农村文化人才不仅是农村先进文化的集中代表，更是推动社会主义新农村文化建设的重要力量。大力开发农村文化人才，有利于提高农民素质，发展农村经济和社会事业，带动农民脱贫致富，从而缩小城乡差别，减少社会不和谐、不稳定的因素。树立人才资源的观念，建设好农村文化人才的队伍，充分发挥其积极作用和示范效应，对于全面落实科学发展观和人才观，加快推进新农村文化建设，统筹城乡经济发展，构建和谐社会，实现全

面建设小康社会的宏伟目标，都有重大的现实意义和深远的历史意义。

建设新农村文化，呼唤新文化人才。实施“人才兴文”战略，以人才为基础、为保障，培养一支素质优良、数量充足、结构合理、业务精通的农村文化人才队伍，为社会主义新农村文化建设提供强有力的智力支持和人才保障，开创人才辈出、人尽其才的新局面，是农村改革发展的必然要求，也是时代赋予我们的重要历史使命。

第二节　中国农村文化人才队伍的现状分析

近年来，许多地方采取了一些措施加强基层文化建设，丰富群众的精神生活，对农村经济社会发展起到了一定的促进作用。但是，从总体上看，农村文化人才队伍薄弱且老化严重，已成为制约基层文化发展的一大桎梏，新农村文化人才队伍建设任重道远。

一、农村文化人才队伍普遍存在的问题

如今的农村，爱看电视歌舞的人多，能上场演唱的人少；打牌打麻将的人多，看书看报的人少。文艺人才老的过时退化，新的在农村难找，年轻人爱的不会，会的不干，基层文化人才青黄不接；文化站人员长期得不到学习提高，整体素质还不强，人心不稳，总的说来，农村文化人才队伍现状不容乐观，普遍存在着人才总量不足、结构不合理、素质不高等问题。

（一）总量不足

当前农村文化人才总量不足主要表现为农村文化人才流失严重、老龄化趋势严重、年轻人缺位严重。

农村文化人才流失严重。农村文化人才的流失不是近几年才有的事，而是随着国家经济形势的发展呈现出越演越烈的形势。特别是市场经济经济制度的刺激，以及随后城乡发展不平衡的加剧，农村文化人才流失呈现规模化、普遍化的特点。在经济理性的驱动下，许多在职文化工作者有的下海经商，有的改行做其他工作，从而造成严重的人才流失。比如，曾经家喻户晓的河南豫剧目前却处在一种低迷状态，有的豫剧演员为了生活，不得不迎合大众的口味而转行改做歌舞演员。青海湟中县的“农民画”，具有浓郁的高原民族特色，有的作品还曾被推介到国外，但现在一些农民画家为了生计纷纷“转行”从事其他艺术创作，“农民画”已经名存实亡。

农村文化人才的老龄化趋势严重。在农村，老一辈文化人才大多是“文化大革命”期间因为宣传需要而培养的懂乐器、通戏剧曲艺的文艺人才。这一特定群体长期默默奋斗在农村文化一线，为中国民间文化的传承、农村文化的繁荣作出了重要贡献，是党和国家的宝贵财富。这些老一辈农村文化工作者在长期的文化工作中积累了丰富的知识和经验，练就了精深的专门才能，陶冶了高尚的道德情操，形成了广泛的社会联系，具有不可替代的独特优势。他们中间的许多人至今还保持着旺盛的创新能力，为祖国不断做出新贡献。但是，随着年龄的增大，加上工作、家庭和身体等原因的限制，老一辈农村文化工作者参加文化活动的时间已经很少，有的已经离世，这对于农村文化和中国民间文化而言都是重大的损失。正如非洲人所说的“一个老年人的去世，如同一个图书馆的焚毁”，这一形容是很有道理的。

年轻人缺位严重。现在的农村人口布局有了新变化，我国 9 亿多农村人口中青壮年大约 3 亿，而其中大部分外出经商或进城务工，只剩老年人和小孩留守农村。乡村图书馆、演出队等文化场所、文化团体缺少农村年轻人的身影，村寨文化大量缺失，农村文化活动很少出现以前热闹的场面。江西省萍乡市芦溪县上埠镇的涣山村有3 000多村民，是江西萍乡市村级文化建设较好的地方。村里的宗祠内办了一个文化活动所，但由于这里没有时尚新颖的东西，年轻人很少来，平时活动所内只有一些老人在打麻将消遣，和文化沾不上边。新农村文化建设主体中年轻人的严重缺失，不但造成了农村文化传承的断裂，而且削减了农村文化发展的后劲，影响了农村文化的长足发展。

农村文化人才的流失，加上老一辈农村文化人才相继退休或离世，而新一代农村文化人才严重短缺，使得农村文化的载体出现“脱节”的现象，若干优秀的农村传统文化得不到传承，专门人才奇缺已成为制约农村文化建设的“瓶颈”，农村文化人才队伍面临危机。

（二）结构不合理

结构不合理包括年龄结构不合理、学历结构不合理以及职称结构不合理。现阶段，我国农村文化人才的结构上存在着一定问题，主要是以老龄人才和低学历人才为主，中年骨干人才和高学历人才比较少，文化人才的年龄结构和学历结构与农村文化发展的需要上存在着很大差距，不少地方出现了人才的断层。以南京市为例，截至2007年底，南京市各区（县）文化馆（站）、图书馆（室）人员在岗数为655人；其中，20～30岁的占16.8%，31～40岁的占27.5%，41～50岁的占34.7%，51～60岁的占21.9%。取得职称的有320人，占在职人数的48%；取得职称人数中，高级的占4.35%，中级的占49.38%，初级的占41.56%。[①]

---

① 樊小林．南京市公共文化服务体系建设若干政策研究报告［EB/OL］. http://www.ccmedu.com/bbs47_61059.html.

（三）素质不高

农村文化干部队伍走过几十年的风风雨雨，兢兢业业地为群众服务，为提高广大农民的文化素质做出了不可磨灭的贡献。随着时代的推移，知识更新，科技迅速进步，现有的文化干部队伍已经不能适应广大农民日益增长的文化生活需要。

农村文化工作者专业素质不高。农村文化工作者素质参差不齐，整体水平不高，特别是专业技术人员严重缺乏。目前，农村文化工作者大多数是20世纪70年代、80年代、90年代通过招收自行培养的，少部分是从外地引进的，大专院校毕业生较少，专业门类不齐备，文化艺术层次低。一般没有专业水平的吹、拉、弹、唱等方面的文化人才。特别缺乏创作、编导、主演、主奏人员。农村文化活动中心虽然开展了一些活动，但只停留在小打小敲的层次上，没有形成真正的群众文化基础和氛围。现有的文化团体大多是自发形成草台班子，经费自筹自支，有的就直接向企事业单位化缘拉赞助，他们的文化专长大都是靠自悟形成的，而且，还停留在浅表的层面上，根本谈不上精通和专业。

农村文化工作者工作积极性不高。大多数基层文化部门抱残守缺，普遍缺乏竞争意识和危机感，松散涣散，基层文化活动缺乏创新和活力，乡村文化工作者“当一天和尚撞一天钟”的思想严重。有的安于现状，缺乏进取精神和创新意识；有的不安心工作，无心学习和钻研业务知识，导致组织、协调、辅导能力比较弱，个别同志甚至组织开展一般的文化活动都感到很吃力。

二、原因分析

以上问题的存在，一方面有其历史背景和客观因素，如：农村劣势明显，经济欠发达、产业规模不大，城市化水平不高，人文和生活环境较差，吸纳人才的载体、空间和引力有限。另一方面，我们人才工作本身也存在许多薄弱环节。

（一）人才观念落后

不能否认的是，社会对人才的认可和重视在转型期已经达到了前所未有的高度。但由于“城乡二元分割”的经济体制，现有人才的价值观体现出的是“城市本位”人才观。人才观念的落后具体表现为文化人才工作领导者观念落后和文化工作者自身观念落后。

文化人才工作领导者观念落后。农村人才队伍建设一直处于人才工作的末端，对农村文化人才开发的重视程度不够，是我国农村文化人才队伍建设形势不容乐观的主观原因。一是对文化人才工作的紧迫性认识不足。看不到农村文化建设对于推动农村经济和社会全面进步的重要作用，不注重文化人才的引进和培养，对文化人才使用不及时、不到位，开发起点低、水平低，致使基层文化人才素质不高或出现断层现象，严重地制约了农村文化的发展。虽然各级政府对农村文化建设大都有目标规划，对主要领导有目标考核，也制定了相应的人才规划，但是在实际操作过程中，更多的是从硬件上下指标，较多关注硬件设施的建设，忽视文化人才队伍建设，往往是大力新建的文化站馆或文化活动中心，却因为没有人管理而建而不用，或管理得不好而渐渐没人用。二是对文化人才工作的重要性认识不足。长期以来，各级党委、政府仍在不同程度上存在着重经济建设轻文化建设的现象，认为经济建设是实的，短期内就可以取得效益，能够体现政绩；而文化建设是虚的，存在着“引才不如引资”的观念误区，对现有文化人才使用不当，人才浪费严重。有的干部则认为文化建设是上面的事，有的甚至把农村文化人才队伍建设看成是一种多余，没有正确认识到文化人才对新农村经济建设的不可替代的作用。三是缺乏改革创新意识，思想保守，不能突破固有的人才工作模式框框，人才工作教条化，缺乏生机。有的地方和领导受原有体制和旧思想的影响，缺乏创新精神和敢为人先的勇气，用人机制不活。有些地方和领导迷信“外来和尚会念经”，忽视本地文化人才的选拔、培养和使用。有些地方，在文化人才使用上讲资历，轻能力，搞论资排辈，搞任人唯亲，有的地方对人才重使用，轻管理，重引进，轻培养。各地在大力引进外来人才中更多的是重视经济类、管理类人才的引进，农村文化人才在各地大力引进的外来人才中所占的比例少得可怜。

文化工作者自身的观念落后也是一种原因。一方面由于行政上的层次差异和地域上的偏僻性等客观因素，山区发展机会少、经济待遇低、环境条件差，另一方面文化工作人员收入待遇相对于其他部门或其他行业偏低，一些基层群众、干部称文化事业是“没娘的事业”，文化站是“没娘的站所”，不少人不能客观看待发展，认为庙小容不下大菩萨，站不住脚，安不下心，无所谓的思想意识较重。

（二）体制机制不健全

人才工作的活力，根本在于体制机制。当前农村文化人才工作中存在的问题，归根到底还是体制性障碍和机制不健全问题。主要表现为用人机制不健全、管理机制不健和激励机制不健全。

1. 用人机制不健全。受计划经济的影响，用人专业不对口，学非所用，不能充分发挥专业特长，造成人才浪费的现象已是不争的事实。近几年来随着农村改革的深入推进虽有所改观，但依然不能完全改变这种现状。公开、公平的用人环境还未完全形成，能上能下，人尽其才，充满生机和活力的用人机制还不健全，人才作用难以发挥。

2. 管理机制不健全。在农村文化建设发展过程中存在着体制性障碍，特别是2003年乡镇机构改革之后，乡镇文化站由乡镇政府负责管理，县文化主管部门仅对其行使业务指导职能，这种体制导致管理上的障碍更加明显。部分地方文化站干部常年承担行政工作任务，难有精力组织文化活动；部分文化站工作人员在职不在位，抽用、借用、借调现象突出，有的兼职过多，有的调走后，没有得到及时补充，有的地方甚至出现了有站无人的局面，农村文化工作队伍不稳定，人才短缺和人才闲置同时存在，人才大量流失和人才难以合理流动同时存在，严重影响了农村文化工作的正常开展。由于管理制度、考核机制缺位，没有合理的人才流动机制，基层文化建设缺乏活力，文化工作单位吃“大锅饭”现象严重，文化工作者长期在一个没有压力的环境中工作逐渐滋生惰性，思想、意识、知识、业务很难适应新形势下文化活动的需要，人才效益难发挥。

3. 激励机制不健全。由于分配机制失调，人才工作、生活软硬环境难以得到根本性改善，对高素质人才的吸引力不大，严重制约了人才工作的积极性，引进和培养人才均十分困难，致使优秀农村文化人才高水平的引不进，培养好就想跳槽，高级人才没有享受到相应待遇而造成外流，专业人才不能得到专用而被迫转向；造成“有用的人才用不起，专业人才进不来，非专业人才出不去”。

总之，必须坚持改革创新的精神，通过大力推进人事制度改革和管理体制创新，努力消除农村文化人才成长和发挥作用的体制性障碍，最大限度地释放蕴藏于人才队伍的潜能，使农村文化人才工作在创新中不断获得新的生机与活力。

第三节 构建社会主义新农村文化人才队伍的措施

胡锦涛总书记在十七大报告中指出，要深化文化体制改革，推进文化创新，增强文化发展活力，让人民共享文化发展成果。加强农村文化人才队伍建设是一项长期的系统工程，既不能急功近利、一蹴而就，更不能等待观望、坐享其成，必须透过纷繁复杂的表面现象，紧紧围绕新农村文化建设的目标任务，立足区域实际和经济社会发展的阶段性特征，从体制机制层面提出解决问题的方法，不断更新陈旧的理念和手段，积极创新工作，不断建立健全完善的体制机制，营造全社会尊重、爱护、关心、支持农村文化人才的良好氛围，才能最大限度地调动和发挥农村人才的积极性和创造性，提升新农村文化人才队伍建设水平。

一、建立健全农村文化人才领导机制

领导重视是抓好农村文化人才队伍建设的前提和关键。在新时期，农村文化人才工作尤其需要进一步解放思想，用全新的思想观念引领农村文化人才队伍建设。各地各部门尤其是领导干部要从战略高度深化对文化人才工作重要性的认识，牢固树立人才资源是第一资源、人人都能成才和人才资源全面开发的观念，坚决摒弃陈旧观念和欠发达地区文化人才工作无所作为的思想，与时俱进，以人为本，以科学人才观来指导人才工作。建立党委统一领导，组织人事部门牵头抓总，文化部门具体负责，教育、劳动保障、财政等部门各司其职、协调配合，社会各界广泛参与的工作机制，形成农村文化人才开发工作合力。

建立科学的人才工作考核评价机制。用科学的人才考核评价体系引领各级干部树立科学的人才观、掌握科学的人才工作办法、树立正确的人才工作导向。把农村文化人才队伍建设成效纳入县、乡党政领导班子政绩考核的重要内容，实行党政主要领导工作目标责任制考核，重点考核人才规划、人才培训、人才投入等基础工作，促使各地在思想上引起重视，促进农村文化人才工作健康发展。各乡镇党委政府要把农村文化人才资源开发作为“十一五”人才规划的一项重要内容，将农村文化人才队伍建设与党政人才、专业技术人才、企业经营管理人才、实用人才一道，摆在同等重要的位置，在服务上要把重心下移。要把村级文化建设作为工作着力点，实现工作重点的下移、文化资源的下移和文化服务的下移，进一步活跃农民群众的精神文化生活。

二、建立健全农村文化人才评价激励机制

要坚持以改革创新的精神，根据农村文化人才的成长规律和特点，创新农村文化人才工作体制机制，建立健全以品德、知识、能力和业绩为主要衡量标准的科学的人才评价机制，建立健全充分体现人才和知识价值的，与社会主义市场经济体制相适应的人才激励分配机制，从而推进农村文化人才工作和人才队伍建设向纵深发展。通过大力实施激励文化人才成长的新举措，奖励那些为文化事业作出贡献的人才，鼓励他们多出新品、多出精品，创作更多反映人民主体地位和现实生活、群众喜闻乐见的优秀精神文化产品，从而推动农村文化繁荣发展。

建立完善人才选拔制度。发现和培养民间文化人才，通过他们挖掘和抢救民间文化艺术，并注入新的内容，使之发扬光大；每年或定期举办各类别、各层次的文化艺术活动，在活动中发现人才，选拔人才，促进各类农村文艺队伍和文化人才水平的提高。如2008

年4月中旬至12月，甘肃省酒泉市采取自下而上的方式组织开展了全市“十佳”农村实用文化人才评选活动，较好地调动社会力量和民间文化工作者参与文化建设的积极性。

建立完善荣誉激励制度。要加大对人才工作的宣传力度，动员社会各方面的力量关心人才工作，支持人才工作，努力营造尊重劳动、尊重知识、尊重人才、尊重创造的社会氛围，建立政府表彰和社会激励相结合的荣誉激励制度。政府部门应该对做出突出贡献的单位和个人进行宣传，报刊、电台、电视台、互联网等大众传媒，可以更多地宣传农村文化工作者扎根基层、服务农民的先进事迹，引导广大基层文化工作者坚持走与社会实践相结合、与农民群众相结合的道路，鼓励农村文化人才扎根家乡，为新农村文化建设作出贡献。近年来，各地在新农村文化建设实践中，探索出了一些很有价值的激励措施。如开展文化乡镇、优秀民间艺人、优秀农民文艺团体、优秀农村文艺工作者等各种评选活动，对做出突出贡献的文化工作者和农村民间文化团队予以表彰，授予荣誉称号，并适当给予特殊津贴，鼓励农村文化人才脱颖而出。

建立完善关心激励制度。探索政治激励制度，把农村文化人才的培养与基层组织建设紧密结合起来，把文化人才中素质较高、符合条件的优秀分子培养成农村党员干部和“农村文明示范户”，推荐他们担任村干部或村民代表、党员代表、人大代表、政协委员，为他们带领群众和参政议政搭建平台，不断增强农村基层组织的凝聚力和战斗力。同时，注重发挥农村群众文化组织的作用。鼓励农村文化能人创办各类民办文化艺术组织和机构，采取简化审批程序、适当放宽准入条件、提高服务水平等措施，积极扶持农村文化产业发展。通过多种措施，坚持以人为本，营造公正评价人才、充分发挥作用的舆论氛围和良好环境，给有突出贡献者应有的地位和奖励，切实保护其合法权益，更好地吸引、聚集和稳定人才。

三、建立健全农村文化人才管理机制

健全完善农村文化人才管理机制，重点是要改进人才管理和使用办法，建立规范的农村文化用人机制，实现单位自主用人，人员自主择业，政府依法管理，加快推进文化馆馆长、乡镇文化站站长和农村文化室管理员、电影放映员等农村文化工作者的选聘、考核、奖惩及培训的规范化和制度化，激发内部活力，调动文化干部职工创造性地做好本职工作的积极性，形成科学高效的运作格局。

（一）多渠道地搞好"引进来"

要面向高校、艺术院校选拔专业文化人才充实基层文化队伍，不拘一格聘用有特长的民间艺术人才充实基层文化队伍。特别是要鼓励和引导高校毕业生到基层从事文化服务工作，充分发挥自身有思想、有知识、有闯劲的特点，积极投身农村文化建设；鼓励和引进专家学者到乡镇文化站挂职锻炼；鼓励和引导城市文化人才、离退休文艺工作者、艺术院校学生和其他热心文化事业的各界人士流向农村，提供志愿文化服务；充分发挥和利用乡、村等基层山区退休老教师、老文化员、老党员、老干部、老同志视野开阔，见识广泛，阅历丰富，管理能力强，在农民中有一定威望的优势，鼓励他们成为农村文化建设的管理者和组织者，建立一支老当益壮、成熟精干的基层文化业余管理队伍。

（二）多形式地搞好培训

积极拓宽农村文化人才培训渠道，将农村文化人才培训纳入各级人才培训的重点范围，通过建立政府和市场相结合的多渠道投入机制，扩大农村人才培训规模。进一步整合教育培训资源，充分发挥党校、艺术院校、农村现代远程教育网络等主阵地、主渠道作用，不断扩大培训覆盖面，重点建设一批农村文化人才培训基地，形成以县级培训基地为中心，辐射乡、村的农村文化人才培训网络，采取分层次培训的方式，加强农村业余演出队、业余电影放映队、文化中心户、农家书屋、农村义务文化管理员等业余队伍的培训，加大对农民作家、农民诗人、农民画家等文化人才的培养。加大公共教育资源向农村的倾斜力度，有计划地输送一批有一定文化基础和创作基础的农村青年到各类高等院校、艺术学校学习锻炼，培养他们的综合素质和能力。

（三）多方位地搞好服务

要把事业留人、感情留人、适当待遇留人的要求真正落到实处。热情支持各类人才的工作，真诚关心农村文化干部的工作和生活，努力改善工作条件，解决乡村文化干部在经济、编制上的后顾之忧，使他们想有盼头、干有劲头，充分调动文化干部的积极性和主动性。打破身份、学历、年龄等方面限制，坚持按品德、能力和业绩评价农村文化人才，逐步推广面向农村文化人才的职称鉴定工作，扩大职业资格证书在农村的覆盖面。建立人才调查、人才预测制度和农村文化人才信息库，实现市、县、乡三级农村文化人才信息资源共享、分级分类管理和动态化管理，及时掌握和了解文化人才队伍状况和文化人才需求情况。

（四）多层次地搞好培养

农村文化人才队伍包括农村文化管理队伍、农村文艺表演队伍、文化经营者队伍、文化指导员队伍和乡土人才队伍。其中，农村文化管理队伍，包括文化馆、文化站的文化管理人员；农村文艺表演队伍，包括专业剧团演员以及文艺下乡队伍；乡土文化人才队伍，包括农村文艺骨干和民间艺人。俗话说：“选好一只带头羊，就可以带好一群羊。”对不同的层次的人才队伍要采取不同的培养方法，尤其要重视乡土文化人才队伍的培养。农村文化的发展和繁荣，离不开农村文艺骨干的示范效应和带头作用。农村文艺骨干和民间艺人是村级文化建设最热情的支持者，是民间优秀文化的传承者，也是村文化活动的直接组织者。要充分发挥农村文艺骨干和民间艺人在活跃农村文化生活、传承发展民族民间艺术方面的积极作用，促进文化资源优势向经济优势转变。要加强对农村文艺骨干的培养力度，打造属于农民自己的文化骨干队伍。一名文艺骨干带动一支文化团队，一支文艺团队营造一个村落的文化氛围，众多的文艺骨干将推动农村文化活动的蓬勃开展。

社会主义新农村文化建设保障机制的构建

做好新农村文化建设工作，有效推进新农村文化建设，需要不断完善保障机制。只有建立科学有效、切实可行的保障机制，使文化建设真正贴近实际，贴近群众，贴近生活，才能保证社会主义新农村文化建设健康有序地发展，才能更加有效地保障农民群众的基本文化权益。

第一节　经济建设是社会主义新农村文化建设的物质保障

马克思主义认为，经济基础决定上层建筑，经济基础决定上层建筑的产生、性质和发展，上层建筑反作用于经济基础，上层建筑影响经济基础的形成、巩固和发展的性质。从人类社会发展的基本运动规律来看，建设社会主义新农村的首要任务就是解放和发展农村的社会生产力，不断提高农民的生活水平，从而满足农民的文化需要。把经济建设作为新农村文化建设的物质保障，就是要把心农村文化建设放到新农村建设这个大局中去，以经济建设为基础，特别是要从实际出发，因地制宜，量力而行，制定明确的物质投入计划，根据农村文化建设的客观需要和财力状况，完善资金投入计划，增大文化设施建设的投入比重，不断改善农村文化建设的物质条件。

一、优化经济发展环境是新农村文化建设的关键

广大的农村和农民在社会发展过程中，特别是在国家工业体系的建立、城市化的完善过程中，做出了巨大贡献，承受了巨大牺牲和风险，从而形成了城市和乡村在经济、社会、文化等方面“二元”结构的巨大反差。这种反差，既有经济发展不平衡的原因，也有政治、经济体制方面的原因。总之，城市和乡村发展的不平衡归根结底是经济发展不平衡的结果。

新农村文化建设必须建立在雄厚的生产力发展基础上，否则就成了无源之水、无本之木。从这个意义上讲，新农村建设的首要任务就是要发展农村经济，通过全面推动农村生产力发展，推进现代农业，带动相关产业，促进农民增收，夯实社会主义新农村建设的经济基础。只有经济发展了，新农村建设的重要组成部分——文化建设才会有强大的后盾支持。如果经济不发展，收入没保障，文化建设就成了水中月、镜中花，文化建设的数量和质量都会受到严重的影响，文化的作用无法释放。

（一）优化农村经济发展的外部环境

环境是经济发展的重要因素。农村经济发展需要一个优化、完善、稳定的外部环境为支撑。第一，优化对农村经济发展的心理支持。从整体上讲，农村、农业和农民都处于弱势和劣势，处在社会发展的风口浪尖上；农民对发展经济的信心、风险、承受力较差，在发展经济过程中畏首畏尾。在连续多个以农村、农业、农民为中心的中央“一号文件”的支持下，农民的经济发展信心增强了，发展的预期强化了，发展的心理提升了。各地均出台了一系列促进本

地发展的政策，农民主人翁意识得到深化。第二，优化农村经济发展的政策支持。政策关系到农民个人的切身利益，也关系到农村的走向态势。农村政策是个晴雨表，对农村的发展起着指示和导向作用。20 世纪 80 年代初推行的农村家庭联产承包责任制像春风般吹拂了全国人民的心坎，政策颁布实行当年就极大地调动了农民的主动性、积极性和创造性，农民更加关注切身利益，爆发了长期压抑在心中的潜能，极大地推动了生产力的发展，改变了以往“一大二公”带来的贫困和饥饿困境，随着政策的发展和完善，最终解决了全世界五分之一人口的温饱问题，为全球、全人类的和平稳定做出了杰出贡献。近几年中央提出对农村“多予、少取、放活”的政策，特别是对全国农村免除农业税、实施农村低保和农村合作医疗的政策以及对农村中小学生“两免一补”的实施，使农民有了喘息和发展的机会，也对农村经济发展起到了定心丸作用。第三，优化经济发展的服务支持。基层政权的主要职能之一就是服务农村和农民，努力帮助农民解决在生产、供应和销售过程中遇到的问题和困难。如推广新技术，提供产供销信息，提供优良种子、化肥农药等生产资料。强化和优化服务意识，增强公仆意识，了解民情民意，与农民心连心，解决民生疾苦，成为农民的真正朋友，推动农村经济快速发展。

（二）优化农村经济发展的内部环境

农村经济发展的内部环境决定农村经济发展的走向与趋势，如果没有一个稳定的可持续的内部环境支持，农村经济发展就成了短期行为，甚至是昙花一现。

1. 提高农民的文化、科技素质。当今社会的发展，“马太效应”十分明显，马太效应来自于《圣经》中的一个故事，它的寓意是贫者越贫，富者越富。个人的文化素质、科技素质和经济发展成正比。

毋庸置疑，中国农村拥有数量较大的文盲和半文盲。据统计，现在农村 4.9 亿劳动者中，中专以上文化者占 13%，初中文化占 50.3%，文盲和半文盲占 7.5%。农民整体文化、科技素质较低，直接影响农村经济的发展，使农村陷入了“二律背反”的悖论怪圈中。农村要发展，但文化、科技素质低下，冲抵了时代发展和政策支持的强势。近些年来，随着政府实施免费义务教育、高等教育平民化，农民的文化、科技素质有了较大改观。但农村的工作环境差、发展机会少、待遇福利薄，使得基层人才“孔雀东南飞”，有文化、有技术的人才不愿到农村服务，更使农村发展雪上加霜。提高农民的文化、科技素质，要完善教育体制，加大对农村教育经费的投入，加强对农民的培训，强化“知识改变命运”的意识。

2. 激发农民的主动性、能动性和创造性。历史是人民创造的，人民是推进历史发展的主人。有了适宜的环境和氛围，加上建立正确有效的激励机制，农民的主动性、能动性和创造性就能激发出来。实行家庭联产责任承包制，关注农民切身利益的机制建立了，农民一改过去的“懒、散、等、靠、要”思想，过去“上午晒太阳，下午懒洋洋，晚上睡凉床，整体无吃无喝骂他娘”的生活习惯了无踪影，农民的主动性、积极性和创造性得到了充分发挥，农村经济得到了全面发展。近几年实行的“良种补贴”等惠民政策，激发了农民种植粮食的热情。

3. 倡导合法发财致富的理念。发财致富是人们共同的追求。人们有了这个追求，就能推动社会的发展。我国人民（主体是农民）在相对恶劣的环境中求生存、求发展，延续了中华文明。改革开放后，合法致富观得到了广泛认可，也有了法律保障，更激发了人民发财致富的欲望。改革开放三十多年，农村发生了翻天覆地的变化，生产发展了，农民生活有保障了，农民思维活跃了，社会发展全面加强，合法发财致富的愿望能够实现了。

4. 建立健全农民健康保障机制。在温饱问题解决后，农民健康问题就摆到了重要议事日程。农民个体健康与否，关系到家庭的稳定，关系到家庭经济的发展，关系到社会的和谐发展。据卫生部的数据，全国人口中健康人口占10%，90%的人口为亚健康、非健康和残疾。农村因生活条件简陋，饮食不科学，地方性疾病明显，预防体系缺位，非健康和残疾人口所占全国人口比例大。当今农村医疗救助条件比城镇医疗救助条件相差甚远，加之农民承担医疗费用的能力较弱，所以就有了“脱贫四五年，一病回从前”和“得了阑尾炎，白种一年田”等真实写照。农民健康是农村发展的前提，保障农民健康是推进农村经济发展的关键所在。解决农民健康保障问题，一是政府实行和完善健康保障机制，提供低廉而有效的服务，推行低廉保险制度；二是加强卫生保健医护知识的传播，有的放矢，求得实效；三是农民参加医疗保障互助会，互扶互持；四是鼓励民间团体和社会慈善捐助为农民提供医疗服务。

二、加快经济发展为社会主义新农村文化建设提供物质保障

当前农村文化建设的现状令人担忧。据统计，2007 年全国农民人均现金收入为4 140元，比上年增长 9.5%，而同期，城镇居民平均现金收入为13 786元，比上年增长 12.2%，城乡居民收入差距反差大。全国绝大部分农民除了低水平生存消费外，还要承担子女入学、医疗保障、赡养老人、社会发展事业等费用。同时全国 70% 的农村居民，只享受了 30% 左右的国家对全社会教育、卫生等经费的投入，而 30% 的城镇居民享受 70% 的国家教育、卫生等经费的投入。要发展和构建新农村文化事业，就必须发展和壮大农村集体和个体经济。

（一）调整农业产业结构，使农民受益

土地种养相对工业生产而言，增值比低效，收益明显低下。全国各地因气候、土壤、水文等情况差异，产业调整不可一刀切，要因地制宜，努力探索适合本地经济发展的路子。如湖南省桂东县利用海拔高、气候冬暖夏凉等优势，调整产业结构，大力发展反季节蔬菜，引导种植独具特色的花豆、玲珑茶等，形成产业规模优势，使农业收入明显增加；同时利用气候凉爽、森林资源丰富的特点，发展旅游业，大力发展农家乐，引领农村发展。

（二）发展农村中心小城镇，使农民增收

农村中心小城镇的功能体现在：吸纳农村富余劳动力，增加就业；就地解决农产品的供销；土地资源升值；提供较优教育、卫生、文化产品服务，吸引农民定居，盘活土地资源，利于产业调整。通过农村中心小城镇建设，不仅可以减轻城市的压力，转移城市功能，缓冲城乡差异，而且能带动农村产业，辐射农村市场，提高农民收入，使农民受益。

（三）利用资源发展生产，使农民获利

农村土地广袤，拥有气候资源、土地资源、矿产资源、林业资源、渔业资源等，各地可因地制宜利用本地特色资源发展经济，壮大集体和个人经济。

（四）增加政府转移支付，使农民得实惠

农村、农业和农民弱势凸显，政府有义务支持、扶持弱势区域和群体，增加对农村、农业和农民的转移支付力度，使农民享受到改革开放的成果，在政策支持中得到实惠。

（五）加大培训力度，提升农民工技能

当前，全国许多县成了劳务输出大县，“农民工”每年为当地农村增收起了重要作用。湖北省长阳县整合各类教育资源、项目资源，大力培训“农民工”，强化技能训练，县劳动力转移规模和农村劳务收入水平均位居全国同类地区前列，基本实现每户均转移一个劳动力的目标，全年外出务工人员人数达 10 万人，创劳务收入 6 亿元以上。①

通过政府和农民共同努力，农村经济发展了，经济实力增强了，也为新农村文化建设提供了财力、物力支持。“仓廪实而知礼节”，经济的发展使农村具备了建设新农村文化的物质基础。伴随着农村经济方式的变革，乡村文化、时尚文化都在农村中悄然兴起。

第二节　政治建设是社会主义新农村文化建设的政治保障

作为建设社会主义新农村的重要内容，农村文化建设离不开强有力的领导。中国共产党对国家和社会的领导主要是政治、思想和组织领导，即按照党的基本理论、纲领和路线，通过制定大政方针，提出立法建议，推荐主要干部，推进思想教育，发挥党组织和广大党员的作用和影响，实现党的领导，务实政治保障。政治建设就是把党和政府的理论、方针、政策贯彻到农村中去，统一思想，凝聚合力，清除不稳定因素，使新农村建设在稳定、有序中进行。在新农村文化建设过程中，必须加强政治建设，以保证文化建设的发展方向。

---

① 张辉，辉锦，志敏，吴颢．湖北长阳县成为全国劳务输出大县［EB/OL］. http：//www. seac. gov. cn/gjmw/xwzx/2006－05－17/1170035891665940. html.

一、加强农村基层党组织的战斗力、凝聚力和创造力

充分发挥农村基层党组织的领导核心作用，为建设社会主义新农村提供坚强的政治和组织保障。要以建设社会主义新农村为主题，引导广大农村党员学习贯彻党章，坚定理想信念，坚持党的宗旨。要结合农村实际，有针对性地开展正面教育，解决党组织和党员队伍中存在的问题，解决影响改革发展稳定的主要问题，解决群众最关心的重点问题，务求取得实效。加强农村基层党组织的阵地建设，搞好农村党员干部现代远程教育，加大政策理论、法律法规和实用技术培训力度，引导农村基层干部发扬求真务实、踏实苦干的工作作风，广泛联系群众，增强带领群众增收致富的能力，加强基层党风廉政建设，巩固党在农村的执政基础，充分发挥农村共青团和妇联组织的作用，形成能干事、会干事、干好事的战斗堡垒。

二、切实维护农民的民主权利

健全村党组织领导的充满活力的村民自治机制，进一步完善村务公开和民主议事制度，让农民群众真正享有知情权、参与权、管理权、监督权。完善村民“一事一议”制度，健全农民自主筹劳的机制和办法，引导农民自主开展农村公益性设施建设。开展村务公开民主管理示范活动，推动农村基层志愿服务活动。妥善处理农村各种社会矛盾，加强农村社会综合治理打击“黄、赌、毒、黑”等社会丑恶现象，建设平安乡村，创造农民安居乐业的社会环境。

三、加大宣传力度，提高农民思想水平

花大力气加强对群众的宣传和教育，营造推进农民接受、理解党的路线、方针、政策的氛围，充分利用各种阵地和途径，如党员活动室、农民夜校、村民代表会、黑板报、宣传橱窗以及文体下乡寓教于乐等形式进行经常性教育，让群众了解党和政府的路线、方针、政策，提升农民整体政治素质。

第三节 法制建设是社会主义新农村文化建设的制度保障

法律是由国家制定和认可的，由国家用强制力来保证实施的行为规范，对全体社会成员具有普遍约束力。我国法律体现了社会主义国家的性质，体现了执政党的性质，体现了人民的意志和利益。法制建设包括法律制定、执行和监督。新农村文化建设是一项需要长期积淀和不断创新的社会系统工程，仅仅靠短时间的号召和暴风骤雨式的行动是无法完成的，需要全社会长期的共同努力来完成。在制度层面，更加需要完整的系统的社会主义法律、法规来保障社会主义新农村文化建设的良好循环。

一、保证社会主义新农村文化建设的正确方向

新农村文化建设的方向是社会主义核心价值观。改革开放后，在农村，思想道德水平得到提升，农民文明程度进一步提高，文化体制改革取得重要进展，文化事业和文化水平快速发展，农民精神文化生活更加丰富，全民健身和竞技取得新成就。要保证新农村文化建设始终坚持社会主义方向，只有通过法律来保证实施。

二、保证社会主义新农村文化建设的顺利进展

新农村文化建设的主体涉及面广，即涉及党、政府、社会团体、农村集体和个人。持续时间长，新农村文化建设不是一蹴而就、一朝一夕可完成的事业，而是要通过较长时间、经过数代人的努力方可实现的；难度大，因全国各地自然条件、历史、区位、经济、发展状况的不同，加之全国70%的人口居住在农村，新农村文化建设

不可能用同一模式推进。所以，为保证新农村文化建设的顺利进行，必须用立法形式规范文化建设过程中的投入体制、运行体制等。

三、保证社会主义新农村文化建设的丰硕成果

新农村文化建设过程中，文化形成的独创性、文化成果可享用性和可继承性，只有通过法律形式予以保护，方可调动和刺激单位、部门、企业、事业、社会团体和个人的积极性、主动性和创造性。

四、保证社会主义新农村文化建设有法可依

目前，我国已经在法理上理清了文化建设的理念，出台了一系列保障规范文化建设的法律法规。据统计，我国现有文化规范法律条例 10 多部、行政法规 30 多条、法规性文件 40 多条①。此外，各省市还制定了一系列相关法规性条例、文件。从文化建设的内容上看，这些法律法规主要包括：文化建设中的著作权保护、国家文物的保护、出版印刷管理、文化娱乐场所管理、广播电视电影报刊传播、公共文化体育设施管理、互联网信息传播，等等。近期还酝酿出台了历史文化名城的保护、非物质文化遗产保护等相关的法律法规。

五、保证社会主义新农村文化建设模式的合法地位

2005 年 1 月，中共中央办公厅、国务院办公厅联合下发了《关于进一步加强农村文化建设的意见》（以下简称《意见》），从全国角度对社会主义新农村文化建设提出了指导性的意见。《意见》提出：要探索农村文化设施运行管理新机制新办法，要统筹文化、教育、科技、体育和青少年、老年活动场所的规划建设和综合利用，努力做到相关设施能够共建共享，着力解决农村文化设施分散、使用效率不高的问题。对电影院、剧院等设施，在确保其功能不变的

① 徐志坚．论农村文化建设的保障体系构建［EB/OL］http：//www. yinxiangcn. com/xueshu/200710/5526. html.

前提下，鼓励大型文化企业集团的进入，也可以实行所有权与经营权相分离的运营模式，采取公办民营、公开招标、委托经营的方式，更好地提供文化服务。随着文化体制改革的不断深入，我国的农村文化法律制度将更加健全和完善。

六、保证对社会主义新农村文化建设进行规范和监督

法律制度建设为规范农村文化市场、确保新农村文化建设稳健发展提供了依据。按照坚持一手抓繁荣、一手抓管理的方针，大力加强农村文化市场管理，营造扶持健康文化、抵制腐朽文化的社会环境。加强和充实县级文化市场行政执法队伍，充分发挥乡镇综合文化站监管作用，健全农村文化市场管理体系，加强执法力量，加大监管力度，提高执法水平。整顿和规范农村文化市场秩序，严厉打击违法违规活动，取缔无证经营。重点加强对演出、娱乐、电影放映、网吧、出版物印刷和销售等方面的管理，坚决打击传播色情、封建迷信等违法犯罪活动，确保农村文化市场健康有序发展。通过对社会主义新农村文化建设中法制建设的探索和创新，社会主义新农村文化建设将在规范、持续基础上稳步推进，有力保障新农村文化建设的质量和覆盖面。

第四节　社会基础是社会主义新农村文化建设的力量源泉

农村有其独特的生活方式、生产方式、心理定势和认知行为模式，在新农村文化建设过程中，必须结合农村的宗教信仰、民俗、艺术、民族、语言、心理习惯等社会基础，扬长避短，去粗取精，在农村的土壤上种植文化，并以此作为新农村文化建设的力量源泉。

一、农村宗教信仰

孔子云："敬鬼神而远之。""不知生，焉知死?"中华民族几千年的文化深刻地影响着农村和农民。宗教儒、道、释在全国农村深深地打上了烙印，农民的语言、行为受到神道、天通的影响深刻，特别是人生观、价值观、道德观、生死观方面等尤甚，农民在生产、生活中潜移默化。反映在农村文化中，农民借助宗教礼仪和宗教场所，净化心灵，倡导乐善好施，服务社会，弃恶扬善的品德，拒绝邪、恶、淫、丑，正面作用凸显。佛教主张不杀生，不伤害动植物的生命。这些有其积极的方面，但也要看到，改革开放后，邪教打着宗教的幌子，借用科学术语外壳侵入乡村，"法轮功"、"中功"、"元极功"、"阿弥陀佛功"等邪教曾一度泛滥，给农村基层政权、农民思想、农民生产和生活造成极大混乱，破坏了宁静的农村氛围，后果非常严重。所以在农村文化建设中要正确利用农村宗教活动的特点，规范其行为，吸收其精华，循循诱导，利用宗教信仰升华农民品格和思想境界。

二、民俗

班固云："高山大川异制，民生其间异俗。"农民在长期的生产、生活中，形成了有明显地域特色的共同的习俗。某些民俗是人们共同遵守和沿袭的规范，具有地域性、程序性、规范性特点，形成时间漫长，民俗在特定地域内深刻影响着当地农民，渗透于其生产和生活中。湖南省桂东县饮食"十大碗"民俗，使宾宴程序化、规范化、制度化，形成富有特色的饮食文化。东巴教流行地区，把森林视为神，主张保护环境。① 当然民俗也有不足之处，存在一些

---

① 杨福泉．论中国少数民族文化的危机［J］．思想战线，1998（5）．

负面作用。针对民俗，要吸收其合理内核，去其糟粕，在扬弃过程中，丰富和完善农村文化。

三、艺术

农民在征服自然和改造自然的过程中，对生产、生活有独到感受和体验，对自然有独到的顿悟，有着自己独特的艺术视角。农村艺术来源于生活，再现生活，高于生活，反映农民对世界的观感。农民艺术的特点是实用、朴实、直观、不矫揉造作。民间艺术如剪纸、绘画、陶瓷、泥塑、雕刻、编织、戏曲、杂技、花灯、龙舟、舞狮舞龙等方面都能反映农民的艺术观。如湖南省桂东县民间的“火笼”，即可用于冬天烤火取暖，同时又是一个美观的艺术品。这些艺术成了农民文化生活的重要组成部分，潜移默化地影响着他们的艺术品位。

四、民族

民族是指人们在一定的历史发展阶段形成的共同语言、共同地域、共同经济生活以及表现于共同的民族文化特点上的共同心理素质的稳定的共同体。在中国广阔的土地上生活着56个民族，56个民族在漫长的历史发展过程中，积淀了各自独特的文化，主要表现在语言、服饰、艺术、生产、生活方式、宗教、礼节、禁忌、心理素质等方面。民族文化的核心是民族精神和爱国主义，是向心力的源泉。所以，弘扬民族精神和爱国主义是构建新农村文化的重要内容。

五、语言

语言是符号系统，是以言语为物质外壳，以语义为意义内容，言义结合的词汇建筑材料和语法组织规律的体系。农民在共同的生产、生活中形成了共同语言，在特定区域内产生方言，以此用作交流工具，用于思维和传递信息的载体。中国各地方言种类多，交流沟通显得困难。语言是文化交流的工具，农村文化建设必须注重语言的统一和发展。

六、心理习惯

在特定的区域内，农民在长期的生产、生活中形成了共同的认知，产生了共同的心理习惯，这种心理习惯作用于该地农民的行为。如在文化心理习惯方面，湖南人喜爱花鼓戏，安徽人喜听黄梅戏。心理习惯决定一个地方文化的认同感，因此在新农村文化建设中，要关注各地心理习惯。

社会主义新农村文化建设内生机制的构建

社会主义新农村建设是一项农村经济发展、文化繁荣、农村整体文明腾飞的综合工程。当前农村文化消费现状不容乐观。立足广大农村丰富的乡土资源，建立农村文化内生机制，生产健康向上的精神产品，让农村文化成为推动乡风文明的重要手段十分可行。而要实现培育新农村文化建设内生机制的目标，迫切需要政府的大力扶持和培育。

新农村文化建设重在内生机制的构建，要改变以往过于强调意识形态的特殊性而使文化发展与创新能力严重不足，以市场的手段发展经济、以计划的手段发展文化而导致文化资源配置的低效率，以及全面控制型的文化管理体制造成的政府权力强化与管理能力弱化的悖论。重新整合资源，培育文化沃土，改“授人以鱼”为“授人以渔”，繁荣社会主义新农村文化。

第一节　社会主义新农村基层党组织的构建

社会主义新农村文化建设必须要有可靠的政治保障。这个政治保障的组织就是广大农村地区的基层党组织。在党的组织体系中，党的基层组织是党的工作和战斗力的基础。农村基层党组织的战斗力、凝聚力和创造力如何，直接关系着新农村文化建设的成效。农村基层党组织搞好了，农村经济社会发展就有了坚强的领导者和组织者，新农村文化建设就有了政治和组织保障。当前，扎实推进新农村文化建设，必须把基层党组织建设成为推进新农村文化建设的战斗堡垒。

一、基层党组织是保障新农村文化建设的战斗堡垒

在建设社会主义新农村的先进文化过程中，如果没有党组织的坚定有力的领导，我们将一事无成。党是社会主义新农村建设的主心骨，是领导者和组织者。依靠自发力量来搞新农村的文化建设和其他各类建设，可能会取得一时的成功，但是其成果难以持久地保持下去。党在这个过程中可以提供强大的政策支持、干部支持和精神支持。这是其他任何社会力量都无法取代的。在我国，农村基层党组织数量大，涉及面广，是我们党的政治优势、组织优势的基础所在，是党在农村全部工作和战斗力的基础，是农村各类组织和各项工作的领导核心。所以，基层党组织不仅是广大农村经济建设的带头人，也应该成为新文化建设的引路人。

当前，我国以村党组织为核心的村级基层组织大多能以时代赋予的使命为职责，以对党对人民高度负责的精神，因地制宜，开拓

创新，推进了农村文化建设等各项工作的深入开展。但也有少数行政村，特别是集体经济薄弱村，村级组织不同程度地存在着软弱涣散等现象，党组织的凝聚力、战斗力和号召力得不到应有的发挥，无力承担建设社会主义新农村和先进文化的重任。因此，必须重建农村党的基层组织和恢复党的威信，使农村基层党组织都成为带领广大农民建设社会主义新农村和先进文化的战斗司令部。

二、改进农村基层党组织的领导方式，提高执政水平

农村基层党组织要加强对社会主义新农村文化建设的领导，必须创新领导方式，改进工作方法。随着我国农民思想观念的不断转变，尤其是民主法制意识等各方面素质的不断提高，过去那种党组织直接包办的直接的领导方式和方法已经很不适用了。农村基层党组织要领导好社会主义新农村文化建设这一伟大任务，必须顺应新形势、新任务的要求，不断改进领导方式。农村基层党组织领导新农村文化建设必须坚持与时俱进，研究新情况，探索新路子，勇于创新、锐意创新、带头创新、引领创新，不断增强生机与活力，开创农村文化建设新局面；必须正确处理领导与执政的关系，尤其要科学处理好党委与政府、党组织与村民自治组织、党组织与经济组织、党组织与群团组织等四个方面的关系，不断提高领导水正确平和执政水平；必须始终紧紧抓住发展农村经济这个“第一要务”，抓住文化服务群众这个关键环节，切实改进领导方式，不断提高领导水平，变领导为引导、变强迫为示范、变要求为服务；建立顺畅有效的村级管理机制、决策机制和议事执行机制，善于运用民主和法律的手段来处理在农村文化建设过程中出现的矛盾和问题。通过有效的组织和引导，促进集体经济发展壮大、农民增收致富和农村文化的繁荣，使农村经济和社会事务蓬勃发展、农民长期得实惠。

三、切实加强村级党组织这一核心建设，夯实堡垒基础

村级党组织作为新农村文化建设的直接实践者，是基层党组织建设的核心部分，必须切实加强以村党组织为核心的基层党组织建设。村级党组织应把团结带领农村群众进行文化实践作为加强自身建设的重点，自觉发挥主观能动性，进一步解放思想、更新观念，努力提高领导全村工作的能力，在发展农村文化上敢闯敢干，在处理农村文化事务上敢抓敢管，并善于发挥其他村级组织的作用，善于调动农民群众的积极性，形成推进新农村文化建设的合力。要以强素质为根本选准配强以村党组织书记为重点的基层干部队伍。基层党组织书记是基层党员和群众的“领头雁”，是党的路线方针政策和各项工作任务在基层得以落实的带头人。建设一支守信念、讲奉献、有本领、重品行的基层党组织书记队伍，是基层党建工作重中之重的任务。要把好“入口关”，配强村党组织书记。同时鼓励机关干部到村任职，将大学生“村官”作为党组织书记后备人才跟踪培养，建立了村党组织后备人才库。农村党员是党联系农民群众的桥梁纽带，是推动农村经济社会发展的骨干力量。必须高度重视和探索在新的历史条件下发挥农村党员先锋模范作用的方式和机制，使广大农村党员成为带头贯彻执行党在农村的各项方针政策、带头参与新农村文化建设的领头羊。以“三级联创”活动统揽基层党建工作全局，广泛开展好“双培双带”工程、“双重”管理、“三双六好”争创活动和“双争双创”等活动。加大在村组干部、致富带头人、优秀青年农民中发展党员的力度。要根据自身实际，创造性地开展党性实践活动，以“党员承诺制”为切入点，结合无职党员“设岗定责”、“党员联系和服务群众”等开展活动，通过表彰先进树立榜样，引导农村党员做到带头执行政策，发挥桥梁纽带作用；带头遵纪守法，维护农村社会稳定；带头弘扬美德，树立农村文明

新风，充分发挥党员的标杆作用，以点带面推动农村经济社会的发展。

第二节　社会主义新农村文化管理体制的构建

农村文化建设不仅要靠外部支持，而且也要通过对现有文化管理体制改革创新运作机制，增强农村文化的自身活力。所谓文化管理体制，就是指有关政府管理文化的职能和组织体系、政府管理文化的方式、政府与文化单位之间的关系，合理规范文化单位与社会其他经济组织、团体之间关系所确定的制度、准则和机制。农村文化管理体制的完善和健全，关系到农村文化发展的动力发展。

一、农村文化管理体制的现状

当前农村在文化建设和发展的行政管理结构上，大部分地区文化管理机构分工过细，条块分割，政出多门，职责不清。文化、广播电视、新闻出版等各自为政，管理分散，管理效率低，政府调节整个文化行业发展的杠杆机制未充分发挥其应有的作用，造成政府的人力、物力、财力的严重浪费。可以说，文化管理体制的不合理是容易引发文化领域许多问题和矛盾的根源。

在文化建设和发展的宏观调控和微观管理关系的处理上，各级政府相关行政部门用计划经济的手段，管理市场经济体制环境中文化行业的惯性仍存在，统包统揽，管办合一，宏观调控和微观管理混在一起，使文化行政部门陷于办文化的具体事务之中，削弱了宏观管理的职能，又影响了社会办文化的积极性、创造性的发挥。

在文化建设和发展的行政基本手段上，表现为存在“重行政手段管理，轻法律手段管理”的现象，以内部文件形式为主规范和管理文化行业行为的做法仍然盛行，文化行政管理中仍设置较多的行政许可和前置审批，文化市场主体参与文化经营活动的难度较大，成本较高。

在文化建设和发展的所有制结构上，表现为重公有制结构内部的局域调整，轻包括公有制结构与非公有制结构在内的整个所有制结构的调整。对非公有制的定位和参与文化经营活动所设的门槛较高，政策性把持和措施上鼓励的力度不够。非公有制文化在整个文化领域所有制结构中的比重还很不相称，发展速度较慢，依靠社会力量发展文化的极大潜力未充分挖掘出来。

农村文化管理体制改革并不是一个新事物，可以说，我们一直在探索。在前阶段的摸索改革中，取得了一定的成效，但也出现了一些新的问题。比如，有些地区在改革初期的方式和方法过于简单，过于激进的，要么把原有的文化单位、文化阵地、文化窗口散伙、解体、注销，要么对先行一步的经营性文化事业单位完全“一刀切”，使得一批具有宣传文化专业的技术人才和骨干队伍被迫下岗散伙，这些不科学的做法非但没有推进农村文化管理体制的改革，反而严重挫伤了基层文化事业发展的综合实力。

二、推进农村文化管理体制改革的意义

《中共中央关于完善社会主义市场经济体制若干问题的决定》指出，要按照社会主义精神文明建设的特点和规律，适应社会主义市场经济发展的要求，逐步建立党委领导、政府管理、行业自律、企事业单位依法营运的文化管理体制。《关于深化文化体制改革的若干意见》颁布以来，各地文化体制改革如火如荼，但是目前所进行的文化体制改革，重在高层次的发展文化产业，忽视了广大农村文化发展的现实。搞好农村文化管理体制改革，对社会主义新农村

建设，具有现实和长远的意义。

农村文化管理体制改革是农村综合改革的重要方面，也是扎实推进新农村文化建设的必然要求。全面推进农村农村文化管理体制改革对于巩固新农村文化建设取得的初步成果，以及对于解决好可能加重农民文化负担的重点和难点问题，都有十分重要的推动作用。

推进农村文化体制改革，加强农村基层文化建设，繁荣农村文化，是实践“三个代表”重要思想，做好新形势下农村工作的一项紧迫任务。在乡镇综合配套改革中，必须进一步加强和完善乡镇政府发展农村文化事业的职能。

推进农村文化体制改革，加强农村基层文化建设，是坚持和落实科学发展观，全面建设小康社会的重要内容。全面建设小康社会既体现在经济建设上，也体现在政治文明建设和精神文明建设，促进社会的全面进步和人的全面发展上。

推进农村文化体制改革，加强农村基层文化建设，有利于调动社会各个方面的积极性，兴办文化事业和发展文化产业；有利于巩固和扩大农村文化阵地，丰富群众的文化生活；有利于推广普及科技知识，培养健康、文明的生活方式，提高农民的思想道德素质、科技文化素质和健康素质；有利于抵制不良文化的侵袭，占领农村文化阵地；有利于密切党群、干群关系，维护农村稳定。

三、文化管理体制改革的总体思路和具体途径

党的十六大和十七大把“深化行政管理体制改革”作为重要内容写进报告中，明确提出要“按照精简、统一、效能的原则和决策、执行、监督相协调的要求，继续推进政府机构改革，科学规范部门职能，合理设置机构，优化人员结构，实现机构和编制的法定化，切实解决层次过多、职能交叉、机构臃肿、权责脱节和多重执法等问题”，这为文化管理体制改革指明了正确的方向。

创新农村文化管理体制改革是一项涉及多部门、多领域的系统工程。在我国处于转型期的文化管理体制改革中，既要根据国情，充分考虑文化的意识形态属性，又要遵循社会主义市场经济规律和文化发展的内在要求。因此，文化体制改革不仅要在实践中不断探索和完善，还必须与社会保障体制改革、经济体制改革、政治体制改革相协调、相配套。各级党委和政府要进一步解放思想，更新观念，鼓励创新，从始终代表先进文化前进方向的高度，从拓展新的经济增长点的高度，从满足人民群众日益增长的精神文化需求的高度，切实加强对创新文化管理体制改革的领导，广泛调动全社会各方力量，形成推进的整体合力，积极探索建立新形势下党委统一领导、政府依法管理、调控适度、运行有序、促进发展的农村文化管理体制，这样才能顺利突破体制障碍，有序实现体制创新。

农村文化体制改革要围绕经济建设这一中心，结合当前建设社会主义新农村目标的实现而进行。在农村文化建设上，政府是文化体制改革的重要推动力，而且这种推动力在新时期对深化文化管理体制改革更显重要。因此，调整现行不合理的政府文化行政管理结构就成为深化文化管理体制改革的关键所在，也成为深化文化管理体制改革的突破口。①

创新文化管理体制改革的总体思路：以观念创新为先导，以为人民服务为宗旨，以调整优化政府行政管理结构为突破口，实行文化管理体制适度维持和适度创新的有机结合，积极稳妥推进农村基层文化体制改革，服从全局，服务农民，繁荣发展先进文化。

在文化管理结构方面，建立科学合理的政府文化行政管理机构，

---

① 吴少瑜．转型期创新广东文化管理体制改革的思路［EB/OL］．http：//www.china．com．cn/2004whbg/503946．html，2004－02/2009－03－10．

加强政府的综合协调职能。要明确划分文化行政管理部门职责、义务，界定其工作范围、对象，规范和监督其职能。特别是在农村文化建设方面，应确定文化行政管理部门各自责任，避免不作为、乱作为行为的发生。各级党委和政府特别是乡镇党政主要领导，要把推进农村文化体制改革、加强农村基层文化建设纳入重要议事日程，确保农村文化体制改革稳步推进，确保基层文化建设健康发展。各有关部门要大力支持农村文化体制改革和农村基层文化建设。文化、科技部门要及时向乡镇文化中心机构和文化中心户传递文化科技信息、物流信息，提供文化科技书刊、资料、影碟等；共青团、妇联要依托农村文化阵地，在农村青年、妇女中开展各种健康有益的文体活动，抓好未成年人道德教育；农业部门要开展经营性的科技培训和科技咨询活动；工商、税务、卫生、新闻出版等部门，要在登记注册、发放证件、税收、管理等方面给予大力支持。

在文化行政部门的职能方面，加快实现“三个转变”，形成政府支持农村社会文化发展、构建公共文化服务体系的格局，转变政府文化管理职能，是深化文化体制改革的根本要求。文化行政部门在支持农村文化发展过程中，应实现职能“三个转变”：即由重管理向重服务转变，由“送文化”向“种文化”转变，由单一服务向全方位服务转变。转变政府文化管理职能，必须实现职能部门从“办”文化向“管”文化转变，由直接管理向间接管理转变，通过“服务、咨询、监督、调控”等方式，把文化市场管理纳入规范化、法制化轨道。

在所有制结构上，要积极鼓励和引导多种经济成分进入文化领域，努力形成以公有制为主体、多种所有制经济共同发展、社会多方面力量兴办农村文体的格局。打破以往公有制“大一统”格局，通过政府政策、税收政策、激励措施等积极鼓励、积极引导多种经济成分进入文化领域，要建立文化资产出资人制度，明晰产权关系，落实产权主体责任，使出资人真正“到位”，兴办各种农村文化实体、设施，繁荣农村文化。

在内部管理机制上，要重点搞好人事和分配制度改革。进一步解放和发展文化生产力，建立灵活高效的运行机制，加快推进以“馆（站）长负责制、专业干部聘任制、岗位责任制”为主要内容的文化（图书）馆、站内部管理体制改革，逐步使馆（站）长和业务干部的选聘、考核、奖惩及培训实现规范化、制度化。通过建立聘任制、招聘制、合同制等，打破人事制度上的铁饭碗，使领导干部能上能下，不搞终身制，使文化工作者能进能出，不搞一次分配定终身，从而建立起一套人尽其才、合理流动的人事制度，真正形成调动广大文化工作者积极性的激励机制，调动文化干部职工创造性地做好本职工作的积极性，形成科学高效的运作格局。要确立“不求所有，但求所用”的人才观，实行更加开放的人才政策，鼓励文化人的“柔性流动”。要转变内部运作和管理方式，按照社会效益第一，社会效益与经济效益有机统一的原则，制定经营管理目标，把“两个效益”统一于市场竞争中。

第三节　社会主义新农村文化投入机制的构建

发展新农村文化事业，投入是难点，也是关键。解决新农村文化建设经费紧张的问题，必须靠机制体制创新来实现。“多予、少取、放活”，是中央提出的建设社会主义新农村的战略决策，也是解决新农村文化建设资金投入问题的主要思路。

目前，我国大部分乡镇政府已无力加大农村文化投入。按照现行政策规定，农村文化建设投入的主体是政府，但政府投入的主体是地方政府，而地方投入的主体又是县乡政府。县、乡财政是我国五级财政中最弱的两级财政。在乡级财政支出中，文教体等的支出占乡镇财政总支出的50%以上，如果要乡镇再加大文化建设投入，显然勉为其难。因此，加大农村文化建设投入的重要举措，应着眼于加强中央财政和省级财政对农村文化建设的转移支付力度。

另外，企业和个人向农村文化建设投资的积极性没有充分调动起来。因产权、税收政策、管理体制、激励机制等尚未明确和规范化，企业和个人对文化投入的积极性、主动性尚未充分调动起来，企业和个人的投入在大多数情况下属于个人的偏好和随意性行为。

建立农村文化建设的长效投入机制，使农村文化建设有不断增加和稳定的投入来源，是农村文化发展的保障。中共中央办公厅、国务院办公厅《关于进一步加强农村文化建设的意见》指出："切实加大政府投入力度。各级财政要统筹规划，加大对农村文化建设的投入，扩大公共财政覆盖农村的范围，不断提高用于乡镇和村的比例。保证一定数量的中央转移支付资金用于乡镇和农村的文化建设。中央和省、市三级设立农村文化建设专项资金，确保农村重点文化建设资金需求，提高财政资金的使用效益。"

通过农村文化长效投入机制的建设，加大农村文化建设的投入，解决当前农村文化建设和发展过程中投入经费严重不足的问题，可以从以下几个方面着手：

第一，要坚持"多予"，即政府要调整投入结构，加大扶持力度，建立对农民文化权益的保障体系和农村文化发展的支持体系。对新农村文化的投入要有明确的目标和正确的投入方式，要让农民真正受益，让社会真真切切地看到投入的作用，从而调动起他们

“多予”的积极性。政府投入文化建设的财政资金的增量应向农村倾斜，并不断加大倾斜力度。以往国家对文化建设的投入主要集中于城市，对农村，特别是偏远农村的投入占比重数量少。由于农村尤其是偏远农村本身财政欠缺，无法解决文化建设所需资金。本着全面发展的理念，理应将农村文化建设的财政资金向农村，特别是偏远农村倾斜，以提升其发展能力。要建立健全中央财政对经济欠发达地区文化建设的转移支付制度。欠发达地区财政能力弱，为确保这些地方农村文化建设的顺利进行，中央财政对这些农村地区文化建设投入的增长幅度，就不应该低于当年财政总支出的增长幅度。

第二，要坚持“少取”，即不要在文化上加重农民负担，损害农民利益，尤其注意不要以提供公共产品和公共服务的名义对农民搞摊派，不要以拉动文化消费的名义将农民引入扭曲的生活方式，更不要以开发特色文化的名义侵夺农村文化资源。实际操作中，要建立各种切实可行的“倾斜”、“扶持”、“鼓励”等激励机制，采取减免税费、降低门槛等办法，鼓励民间资金投资农村文化建设，发展农村文化产业，发展和繁荣农村文化市场。

第三，要坚持“放活”，具体而言要放活新农村文化建设投入机制的准入主体，建立和完善国家拨款、社会筹集、自身积累的多渠道、多层次、多元化的新农村文化建设投入机制，为新农村文化建设提供物质保障。新农村文化建设中，“放活”是最终解决问题的关键，是新农村文化的根本出路。政府、集体、个人在农村文化建设中三者不能单兵作战。农村文化建设的投入是政府义不容辞的责任，是确保先进文化建设和传播的基本条件。从更高层次讲，是确保社会主义意识形态向全体社会成员传输的基本条件。无论是从巩固社会主义国家的长治久安，确保社会主义政权稳固的角度看，还是从为人民服务的基本立场来看，加大和保障对文化建设的投入都是政府不可推卸的责任，当然也是社会主义新农村建设中文化建设的坚强后盾和有力保障。在改革和发展中，由于一些地方政府没有将文化作为公共事业看待，而是通过市场机制来解决文化发展所需的资金问题，导致农村文化建设投入严重不足。政府除了要切实加大投入力度，还要注意引导社会资金流向新农村文化建设，在此基础上充分激发农民投资文化建设的积极性，只有三者充分有机结合，才能促进农村文化建设全面发展。

参考文献

1．洪峰峰．思想启蒙与文化复兴——五四思想史论［M］．北京：人民出版社，2006.

2．张宁春．文化的病症［M］．上海：上海文艺出版社，2004.

3．梁一儒．民族审美文化论［M］．北京：中国传媒大学出版社，2007.

4．向勇，喻文益．区域文化产业研究［M］．深圳：海天出版社，2007.

5．贺雪峰．乡村的前途［M］．济南：山东人民出版社，2007.

6．郑培凯．口传心授与文化传承［M］．桂林：广西师范大学出版社，2006.

7．王石．中华廉政文化读本［M］．北京：人民出版社，2007.

8．罗志田．激变时代的文化与政治［M］．北京：北京大学出版社，2006.

9．秦榆．中国文化性格［M］．北京：中国长安出版社，2006.

10．人类与文化——童恩正学术大集［M］．重庆：重庆出版社，1998.

11．赵伯英，张筱强，周熙明，等．文化历史二十讲［M］．北京：中共中央党校出版社，2005.

12．李俊，等．徽州文化与和谐社会构建［M］．合肥：合肥工业大学出版社，2005.

13. 谢名家. 文化经济：时代的坐标——社会发展战略研究［M］. 北京：人民出版社，2006.

14. 李道湘，于铭松，等. 中华文化概要［M］. 上海：三联书店，2007.

15. 李小云，等. 乡村文化与新农村建设［M］. 北京：社会科学文献出版社，2008.

16. 徐志坚. 论农村文化建设的保障体系构建［J］. 常熟理工学院学报，2007（7）.

17. 新华社. 文化体制改革解放和发展了文化生产国［N］. 光明日报，2007-06-28.

18. 王学江，葛如江. 农村文化建设不该被冷落［J］. 农村·农业·农民，2006（3）.

19. 2005年度重点中国公共服务公众评价指数报告［N］. 南方日报，2006-03-20.

20. 任建东. 社会主义核心价值体系与和谐文化建设［J］. 毛泽东、邓小平理论研究，2007（6）.

21. 文化部网站. 开创农村文化建设的新局面［EB/OL］. http：//news. xinhuanet. com/newscenter/2006-06/15/content_4702526. html. 2007-07-20.

22. 重庆市农调队. 重庆万州区农村文化建设情况调查［EB/OL］. http：//www. sannong. gov. cn/fxyc/qyjjfx/200507110131. htm，2005-06-13.

23. 李长健，伍文辉. 社会主义新农村建设中的文化创新研究［J］. 东南学术，2006（6）.

24. 李建新，邓一鸣，吴家森. 社会主义新农村建设探索

[M]. 长沙：湖南师范大学出版社，2007.

25. 王宁. 中国文化概论 [M]. 长沙：湖南师范大学出版社，2000.

26. 熊月之. 多元文化视野下的和谐社会 [M]. 上海：上海书店出版社，2006.

27. 涂文学，邓正兵. 抗战时期的中国文化 [M]. 北京：人民出版社，2006.

28. 郑师渠. 中国共产党文化思想史研究 [M]. 北京：中共中央党校出版社，2007.

29. 福建省文化厅调研组. 福建省农村文化建设调研报告 [EB/OL]. http://nc.fjii.com/survey/1667.htm，2008-03-18.

30. 李长健，伍文辉. 社会主义新农村建设中的文化创新研究 [J]. 东南学术，2006（6）.

31. 吴理财. 农村公共文化日渐式微 [J]. 人民论坛，2006（14）.

32. 吴海明. 绍兴市农村文化建设调查报告 [R]. 2006 年浙江省新农村文化建设（村级文化专题）论坛.

33. 潘力峰，贾建良. 欠发达地区农村文化生活的调查与思考——丽水市莲都区 X 村新农村文化建设的启迪 [R]. 2006 年浙江省新农村文化建设（村级文化专题）论坛.

34. 中国人权网. 盘点 2007 年公共文化服务进展 [EB/OL]. http://www.humanrights.cn/cn/zt/xwgzrd/2008/wh/index.html.

35. 九亿网. 阿根廷农庄：让时光倒流 [EB/OL]. 2007-02-28.

36. 李水山. 韩国新村运动的经验和教训 [EB/OL]. http://

www. wyzxsx. com/Article/Class19/200603/5518. html，2006 - 03 - 31.

37. 徐宝康. 韩国“一社一村”运动大力支援农村［EB/OL］. http：//theory. people. com. cn/GB/40557/49146/381767. html，2005 - 11 - 01.

38. 中国经济网. 体验现代化美国农村生活［EB/OL］. http：//www. ce. cn/xwzx/gjss/gdxw/200605/10/t20060510_6911757_1. shtml，2006 - 05 - 10.

39. 树英. 面向未来的农业艺术［J］. 世界文化，2006（2）.

40. 刘铁方. 乡村文化的危机［J］. 中国老区建设，2006（12）.

41. 中共望城县委党校课题组. 新农村文化建设的调查与思考——基于望城县的实证研究［EB/OL］. http：//222. 247. 60. 68/sites/site143/ShowInfo. jsp？TypeID = 22571.

42. 江苏城市论坛. 对盐城新农村文化建设的思考与建议［EB/OL］. http：//www. xici. net/b16462/d47008927. html.

43. 财政部教科文司与华中师范大学联合课题组. 中国农村文化建设的现状分析与战略思考［J］. 华中师范大学学报（人文社会科学版），2007（7）.

后 记

文化是一个国家和民族的根之所系，脉之所维。社会主义新农村文化构建是社会主义文化构建的重要组成部分。我们尝试理论与实践相结合，用系统论观点和方法，从整体上把握社会主义新农村文化构建的现状、目标、原则、保障机制、内生机制等，以求用通俗语言，阐释其理论性、实践性、实用性和可操作性。

全书设导论和七个章节，分别由编著人员撰写。导论：扶永生；第一章社会主义新农村文化构建的精神资源：叶志勇、刘晓蔚；第二章当前中国农村文化建设现状分析：何志斌；第三章社会主义新农村文化构建的目标、原则和价值追求：刘述康；第四章社会主义新农村公共文化服务体系的构建：陈文珍；第五章社会主义新农村文化人才队伍构建：李红玉；第六章社会主义新农村文化建设保障机制的构建：黄力平；第七章社会主义新农村文化建设内生机制的构建：叶志勇、郭谦贵。全书由陈文珍与李红玉统稿。

本书在编著和出版过程中得到了中共桂东县委、县人民政府的大力支持，中共郴州市委党校副校长唐中明教授、教育长邓云峰副教授等专家和学者为本书提出了诸多宝贵意见和建议。湖南师范大学出版社对本书的出版给予了大力支持。桂东县委党校雷海庆、郭伶俐等教师在本书的修改中给予了热情的帮助。在此谨致谢忱。

本书在编著过程中，参阅许多文献资料，借鉴和吸收了部分专家学者的观点和素材，不一一注出，谨表歉意。

由于作者水平有限，本书疏漏和不妥之处，在所难免，敬请专家、学者和读者批评指正，不吝赐教。

陈文珍

2009 年 10 月 26 日